U0054098

理財與生活

富朋友・窮朋友掙錢術

理財有三個層面：「賺錢」、「省錢」、「滾錢」
賺錢靠努力，省錢靠毅力，滾錢靠實力
是人才，才能賺錢；
會理債，才能省錢；
懂自己，才能滾錢。

唐祖蔭◎著

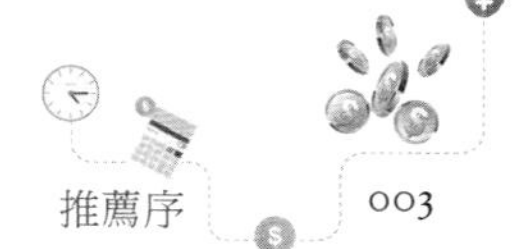

推薦序

第一金投信董事長　薛淑梅

身處全球化、數位化時代，地球某個角落發生的一件小事，都可能影響你我週遭。這一代年輕人面臨的挑戰已跨越了地理疆界，財富形成的方式也大大不同。過去努力工作，時間累積加上社會福利協助的模式已不復見。今天除了職場上的壓力外，還得持續進修以維持競爭力；低利率環境讓財富不能只靠時間累積，必須全盤規劃並承受風險；人口結構的巨大改變，讓社會福利也不得不隨之調整縮水。「人不理財，財不理你」早就不是一句行銷口號，而是必須付諸行動，否則財務風險將如影隨形，影響你的一生。

本書內容是針對年輕世代而寫。名為理財，實則是希望這一代年輕人多一點正面思考。在長期低成長和分配問題充斥各版面的今天，能夠反求諸己，積極打造自己人生，讓自己變得炙手可熱。從瞭解自己開始，學會理財、理才，建立正確的投資理財觀念，懂得為自己規劃一張財富地圖。債要怎樣管理，風險要如何承擔，面對退休財務該用什麼態度，本書都有深入淺出但切中要害的介紹。尤其，作者融合扎實的理論基礎與豐富的實務歷練，結合時事，以平易近人的口吻娓娓道來，更為本書提升了可看性。

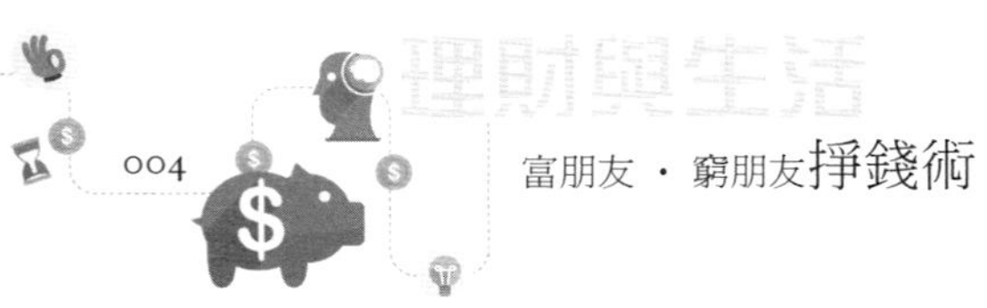

作者為本人工作上的伙伴，思路清晰，勤於研究。平日表現即普獲肯定。此次利用工作之餘，為年輕世代分享其工作和理財的心得，是一件非常有意義的事。爰特為序推薦。

2017年3月於臺北

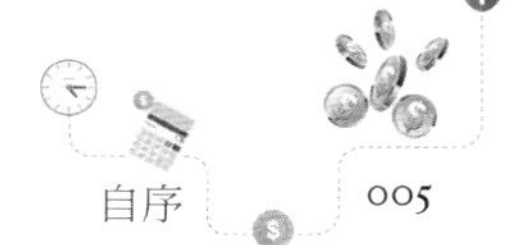

自序

本書的完成，代表對自己重新檢視了一遍。

在原本的規劃中，本書是一本單純談理財的書。筆者長期從事投資工作近二十年，經歷東南亞金融風暴、網路泡沫、金融海嘯、歐債危機的洗禮，「眼看他起朱樓，也眼看他樓塌了」。或多或少有些心得，給目前在學的大專學子，或是剛入職場不久的輕熟男女一點理財上的建議，應該是可以做的事。只是一旦投入後愈發覺得，在通往財富自由這條道路上，只談理財是遠遠不夠的。看技術線形、分析企業財報、研判總體趨勢是專業經理人，或是專業投資人的工作；分析投資商品的差異，推薦投資組合是理專人員所擅長。這些都是必須投入相當心力的工作。每個人心有所向，志趣不同，未必願意花長時間搞懂財務金融的數字。然而，財富累積與每個人的一生息息相關，沒有財務上的支持，夢想難以實現，更枉論財富自由。從這個角度來看，理財似乎又是每個現代人必須具備的技能。

因此，本書的主題，從一開始單純的投資理財，轉為個人財務思路的建立。很多人會認為「賺錢」是投資理財的目的，因此許多

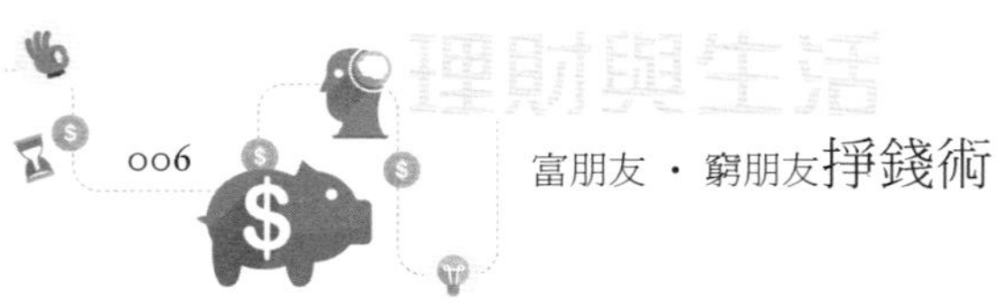

賺錢的法則、秘笈、壓箱寶應運而生。事實上，賺錢只是投資理財的結果，是實現財富累積的方法，背後靠的是投資目標的建立，也就是我所定義的「滾錢」；除此之外，財富累積還得靠「賺錢」和「省錢」。「賺錢」靠的是把自己變人才，「省錢」靠的是控制金錢的使用。

所以，財富累積靠的是「賺錢」、「省錢」和「滾錢」，方法是「理才」、「理債」和「理財」，缺一不可。

許多介紹投資理財的書籍大多有一個隱含的假設：人們手中有一筆錢，或是未來持續有錢投資。但是，來自身邊的許多訊息告訴我，許多年輕一輩的朋友還沒畢業就背負債務，或是身陷卡債而不自知。加上低利率甚至負利率的環境下，薪資成長有限，理財成為難以實現的目標。在目前政府破產、年金改革的氛圍中，每個人都應該開始為退休金作準備。

本書第一篇要傳達最重要的訊息是：(1)剛進入職場的朋友，需要的是經驗、技術和人脈，想辦法讓自己變人才，讓老闆們捧著40K、60K、甚至100K來請你，而不是只在22K負面循環中打轉；(2)累積資產是重要的，尤其是能幫你產生現金流量的資產更重要，如果現金流量的報酬高於負擔的成本，適當的負債是好的。書中用極為簡單的會計法則，只需要簡單計算就能瞭解個人的資產負債和收支狀況。

第二篇的四、五兩章介紹投資工具，包括常見的投票、債券、基金，也有比較進階的期貨、選擇權、連動債、保險等。對於初窺理財世界的讀者來說可以在短時間內建立起投資商品的觀念。第六章則是理財方式的心得分享，對於想儲蓄又怕從此生活品質受到影響的人，本章提供了一種「漸進累積式」的儲蓄方法，隨著時間的經過，無形累積第一桶金；對於想要開始投資理財的人，書中提出一個極為重要的觀念：投資商品的風險和投資人的虧損承受度，是兩個不同的觀念，任何人都可以投資積極型的商品，唯有「投資時間」和「投資目標」才能決定你應該是哪一種屬性的投資人。第七章以實際操作的實例，讓讀者自行測試自己的風險程受度。

第三篇討論當前極為熱門的退休議題。筆者所處的這一代和上一代最大的不同，是人口結構的重大改變。老年人口比例的增加，代表勞動人口負擔日益沉重，過去時空背景下設計的退休制度，到現在已不合時宜。在世代交替的過程中，「維持承諾」與「擺脫束縛」兩股力量在拉扯。本篇不討論世代公平正義的問題，只用簡單的數學計算告訴大家，無論年金改革如何改，就算未來永不破產，在樂觀的假設下，一個正常生活、按時領薪的勞工，到六十五歲退休時，所得替代率也不滿50%。

退休是這一代年輕人很遙遠，但不得不去面對的一個問題。這一代的人們，應及早建立「退休金靠自己」的觀念，盡早開始退休

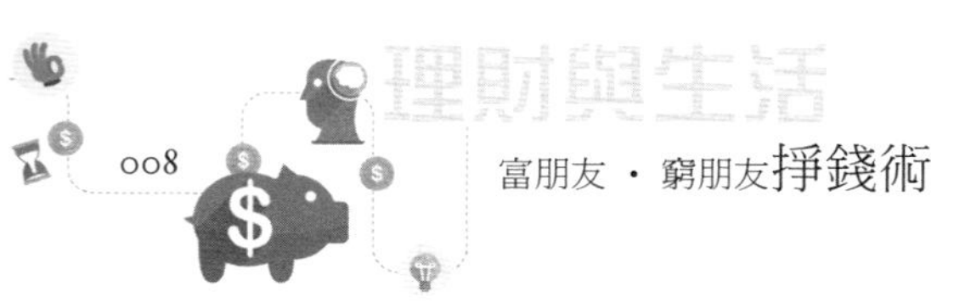

生活品質的長期規劃。政府的退休制度無論怎麼改，都不脫「提供基本退休生活」的標準，想要退休生活過得精彩，就從今天開始。

本書的出版，要感謝葉子出版的高明偉經理及范湘渝小姐，沒有二位的啟發，本書不會成型；沒有二位對內容的見解與堅持，本書不會付梓；還有葉總經理對於出版所投入的熱心與支持。在此特別致謝。

筆者希望這一代年輕人能夠正面思考，開始「理才」兼「理財」。唯才疏學淺，疏漏難免，書中任何邏輯繆誤之處，筆者皆負全部責任。

唐祖蔭

2017年3月於臺北

理財與生活

【輕熟年代的理財一番書】

CONTENTS 目錄

抗老・樂活／172

理財，也要理才；資產靠努力累積，也靠聰明理債。

理性規劃，目標明確，樂活人生，悠遊退休的美麗夢想。

理財與生活

富朋友・窮朋友掙錢術

窮朋友VS.富朋友

從賺錢到理財，三十歲前的你怎麼調整腳步

所謂理財，包括了三個層面：「賺錢」、「省錢」、「滾錢」。本篇會教您如何列出一個個人身家簡表，在個人身家簡表中您可以分清楚什麼是「資產的移轉」、「借貸關係」、「個人淨資產」，以及「負債」。

22K 真的是一個爛政策嗎？在二〇〇八年那場令人不堪回首的金融風暴中，許多人因此失業，失去經濟支柱。然而，有三萬四千個畢業生在當時領了別人眼中的低薪，卻早一步開展了個人的職業生涯。現在回頭看看，恐怕是福不是禍。本書在談「理財」之前，會先談「理才」是希望年輕的一代把握機會，而不是抱怨起薪低，因為讓自己變人才，老闆就會捧著 40K、60K、甚至是 100K 來請你。

此外，本篇也教大家如何理債。「理債」不是教大家怎麼不欠債，而是告訴大家，在一些情況下，欠債並不是一件壞事；也就是說，在一些情況下，反而應該考慮去借錢。「理債」應該是指，認識債務，並且好好利用債務。本篇的重點是在於「創造資產」及「現金管理」。因此在現金調度允許的情況下，一些適當的負債，反而會讓資產成長，這些資產若能提供更高的收益，除了償還「債」之外還能有餘，負債反而變成一件增加價值的事。

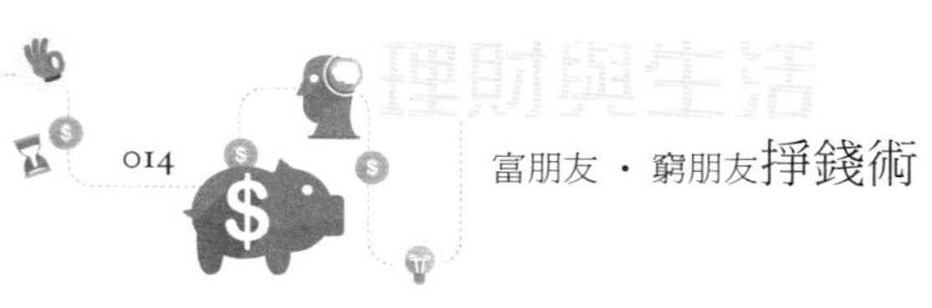

只要你是屬於八〇後，你會聽到很多形容詞，多數人管你叫做「後消費世代」；也有管你叫「E 世代」的，但通常這時候會有一個名詞伴隨著你們，年長的人稱你們這一代的叫「宅經濟」，我則比較喜歡「電子經濟」或「行動經濟」這個稱呼。一旦通縮來了，剛走出青澀年華的你又會有個「厭消費世代」的稱呼，本書採用多數人通用的「後消費世代」來稱之。

如果試著定義什麼叫做「後消費世代」，我會稱是一群想消費，但可能沒有太多能力，或是得很努力才能消費得起的一代。和「消費世代」相比，不在於消費能力和意願，而**在於財富累積的方式不同**。

對照上一輩，也就是大約四至六年級出生的那一代，他們是最佳的「資產累積」世代。他們的父執輩，也就是你們的爺字輩，辛勤工作了一輩子，吃盡了苦頭，但也打下了基礎，讓下一輩的資產隨著經濟成長增加。當時的臺灣，也曾有過雙位數的經濟成長率，只要經濟在成長，資產在累積，財富自然而然會增加。雖然，過程很辛苦，得努力打拼，但是「愛拼就會贏」。

二十七年前，也就是一九九〇年，世界發生了大事，柏林圍牆倒了、蘇聯解體了，世界開始邁入了前所未有的全球化時代。產業快速的進行全球化整合，大量製造業移往第三世界國家，中國成了世界工廠，幫助全世界壓低成本和售價，同時也壓低了利潤。出口國家如臺灣，面臨了強大的價格競爭壓力，勞工的薪水漲幅愈來愈低，資產累積的速度也開始愈來愈慢。同時間，拉丁美洲、亞洲、俄羅斯、美國、歐洲分別發生了區域型的、大小不一的經濟或金融危機，而且危機的擴散力，隨著全球產業和金融體系的高度整合愈來愈大。泰國的貨幣問題可以讓整個亞洲受創；南歐的希臘債務危機更讓全世界皮皮挫；全世界中央銀行不斷印鈔，讓利率低到0%，金融市場出現前所未有的劇烈震盪；當投資人好不容易要面對長時間的低利率、低成長、低通膨時，二〇一七年升息的號角再度響起，物價再度出現壓力。金融市場很難像過去那樣，成為資產累積的管道，甚至一個不小心還有可能縮水。

因此，身為「後消費世代」的各位應該具備的能力，恐怕不是消費，各位消費的意願比前面任何一個世代都強；恐怕也不只是賺錢，賺錢只是累積財富的方法之一而已；而是要懂得投資理財——這個在「資產累積」世代不大需要去考慮的問題。

所以，「為什麼要理財？」的答案呼之欲出。不是因為「人不理財，財不理你」，那是結果；不是因為看到別人「用薪水賺進千萬」，那是特例；你要理財的原因，是因為「不理財不行」。過去賺薪水就可以過得小康，退休後有退休金；但以後，只靠薪水會過不下去，退休後沒人養你。

當「不理財」已經成為一種危機，你會開始想理財了嗎？

22K的另一層解讀，你想讓社會貶抑你多久

22K的話題過去曾一度占領新聞版面好一陣子，對於剛畢業的社會新鮮人，或是仍在校的學生來說，22K彷彿是孫悟空頭上的緊箍咒，壓得人喘不過氣來，還讓人感覺前途黯淡。二○一五年大學畢業生平均起薪才二萬七千六百五十五元，比二○○○年少了三百六十一元[1]，這還沒將十幾年來的物價膨脹給加上。如果以實質薪資計算，二十一世紀的第一個十年間，實質起薪跌幅達14.8%，而同時期的大學學雜費卻上漲了8.2%[2]。這樣細算下來，光看數據，這一群「悲慘世代」的未來已然被數字擊垮。

「22K」彷彿像為這「悲慘世代」的傷口再灑上一層粗鹽般，

[1] 二○一六年勞動部調查結果，二○一五年的大學畢業生起薪二萬七千六百五十五元。較前一年分別增加了四百多元。但是，二○○○年時，大學畢業生起薪為二萬八千一十六元，這薪資水平並未將物價膨脹因素計算在內。

[2] 勞動部公布的「二○一○年薪資調查報告」。

在當前的「社會觀感」下，22K已成為大學生價值的代表數字。

這延伸了二個問題：一、大學生的價值，為什麼得用薪資水準來表達？二、大學畢業生有可能從此只能拿22K嗎？

22K是什麼？似乎沒有多少人在深究。在網路時代，我們每一天接收到的訊息，古代人可能得花一輩子才能跟上，「探討」一個議題變得非常廉價。打開電視或連上網路，隨時都看得到斗大的標題和跑馬燈，以及數不清的鄉民、網友的評頭論足。大多數人都迫不及待要發表一下自己的意見，不管到底弄懂了沒。反正就是民意、網意、社會觀感，話說出去了也不用負責。

「深入探討」變得相當奢侈，奢侈到多花一點時間去思考都會覺得沒有必要。大家不都這麼認定了嗎？幹嘛要和民意過不去？尤其是當反對政府政策成為一種時髦和流行的時候，不跟上成了有問題的人，更有甚者，還可能會被認為是政府的發聲筒、代言人。只是……我的年齡和訓練告訴我，這個出發點明明不是一個壞的政策，為什麼會被罵成這樣？

22K方案的正式名稱為「大專畢業生至企業職場實習方案」，是教育部在二〇〇九年時，為因應金融海嘯導致就業市場低迷所推動的「培育優質人力促進就業計畫」，十六個子計劃中的「大專畢業生至企業職場實習方案」（方案1-1）。由教育部補助大專畢業生赴企業職場實習之特定性就業補助方案，各大專院校協助畢業生與企業進行媒合，媒合成功後，實習員可至企業實習一年，實習期間生之薪資（每月二萬二千元）及勞健保費用（每月最高四千一百九十元）由教育部特別預算補助，名額大約是三萬四千名，經費約一百一十億。

這樣看起來，22K的本意，非但不是壓低薪資水準，反而增加了工作機會。在金融海嘯肆虐期間，全世界都蒙受失業率高漲的陰影，像臺灣在二〇〇九年八月的失業率達6.13%，是此波經濟衰退的最高峰，這還不包括被企業強迫休無薪假的。其中二十至二十四歲的失業率就高達16.28%，創下有紀錄以來最高。雖然這個年齡層的失業率常態性居各年齡層之冠，但將近六分之一的人沒有工作還是很驚人的。（**見圖一**）

金融海嘯時期就業市場低迷的情況，沒經歷過的人實在難以想像。以我當時服務的公司為例，半年內就進行二波裁員，原本

圖一　臺灣地區失業率（按年齡分）

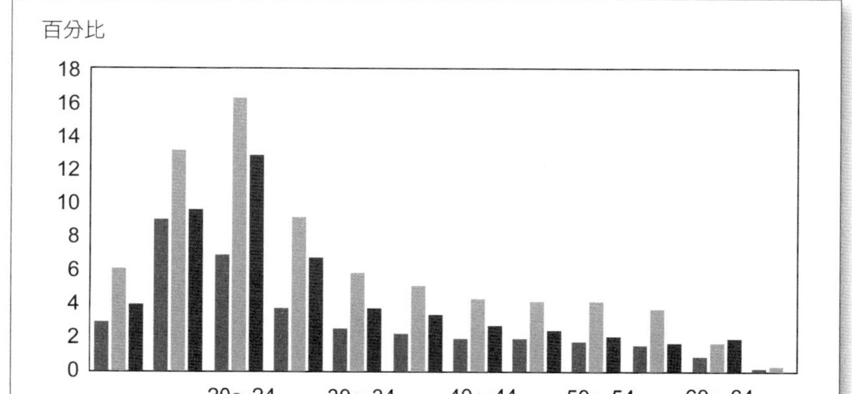

資料來源：行政院主計總處。

一百一十多名員工裁到不足八十名。這些離開的伙伴多數是有家庭的，上有高堂下有小孩要養，面臨殘酷的中年失業，經濟壓力之大外人難以體會。若22K方案能擴大適用範圍，相信能稍稍解決他們當時的經濟窘困。

然而確實的社會現況是，這個方案被廣大的輿論罵到不行，光在網路上順手擷取就有一大堆批評的聲浪，多不勝數，例如：「教育部從來沒有說明，22K是怎麼計算出來的」、「政府公然帶頭壓低大學畢業生起薪的剝削方案」、「這些錢可以換算成多少小學生的免費午餐？」、「我有個朋友被裁員，就因為老闆要用22K的大學生」、「那些老闆用了畢業生一年後還不是當作免洗筷丟掉！」等等。

我不是企業代表，也不是資方，更不代表政府，只是粗略的談談22K的這個現象。真實的情況是，這個方案與大學畢業生失業率的高低，並未有數據上的實證；只是，這個方案立案的原意，的確是為解決大學畢業生這個高失業人口族群所量身打造的。我想說的是，反思全球景氣瞬間蕭條，大批藍領、白領階級失業，許多人抱著紙箱枯坐公園、或是早上裝模作樣的出門上班，實際上整天在麥當勞上網投履歷，枯等時間的流逝，而政府僅提供給社會新鮮人這個機會，屆以彌補職場上人力的不足。立意雖好，執行層面卻難以突顯。

「不足什麼？畢業生缺什麼？」

「廢話，當然缺錢啊！」

其實，這句話對，也不對。

我認為，除了錢這個實際的東西之外，社會新鮮人最缺的是「經驗」，講得文謅謅一點，是「歷練」。

針對22K，負面的說法大都集中在薪水偏低、提振就業數據多寡、政府圖利企業、企業主順勢壓低人力成本等等。這些說法乍看之下十分合理，假設舉的例子也都是真實的（用「我有一個朋友」這種說辭其實是很羅生門的），合理的邏輯思考是，這種說法背後都有一個「無形的假設」，就是「薪資不應該跌」。容我用經濟學的專有名詞來說，這叫「工資向下僵固性」（downward wage rigidity）。這個名詞一點也不新鮮，上個世紀初就出現了，意思是工資易漲難跌。凱因斯學派甚至認為，因為工資具有向下的僵固性，在大蕭條時期才會導致失業的產生。這個部分我會在本書後面作清楚的陳述，這裡僅只是要解釋薪資水平是有向下僵固性的固定思維存在的。

這個全球普遍性存在的僵固性思維，臺灣也不例外，22K成了代罪羔羊，成了固著的負面社會現象。找不到工作就夠不爽了，政府居然還帶頭壓低薪資！真是士可忍孰不可忍。「找不到工作」這個議題有太多的方方面面需要探討，對於想窮翻身的人來說，如果一味在負面思維裡打轉，就算不會無力頭暈，一直找不到工作，只怕想借貸平衡會難上加難。要弄懂人生的借貸平衡，需要的是理性與正面的多方體會和領悟。

為諸多社會聲浪暈到忘了新鮮人進入職場後最應該飢渴的地方

是什麼？！在此我想分享一次美妙的經驗給甫入職場或即將踏入的社會新鮮人。

約莫十多年前，在我剛進入職場沒幾年，在一個機會中聽了台積電董事長張忠謀先生的演講，台下大多是剛畢業、或是即將畢業的大學應屆畢業生，像我這種勞動階級在現場算是少數。當天的講題已不復記憶，大致是畢業後的人生規劃之類的。坦白說我現在能回憶起整場演講的只有張董事長的一句話，這句話到今天我仍拿來不斷提醒自己：

> 「無論你的學歷如何顯赫，在學校成績多麼優秀，進入職場後，它的有效期限只有五年。」

這對當時出校門不久又想繼續深造的我來說是很震撼的，我對這句話的解讀有二層意思：

1.你可能因為學歷和成績比其他人多一點機會找到理想的工作，但五年後的履歷表上，學歷的順位一定會往後移，取而代之的是你在這幾年的工作經驗、成果、和當中學到了什麼不一樣的本事。

2.**同樣的，如果你的學歷和成績不怎麼樣，別人看貶你的時間最多也只有五年。**

剛從學校畢業的學子，除非身世經歷特別與眾不同，一般來說

同質性是很高的。同一個系所畢業的學生，修的課差異性不大，差別在於成績高低而已，就算個性和邏輯思考有所差異，企業對每個人的認識其實相當有限。說實在的，企業要用新鮮人，除了成本考量、為企業注入新血之外，「潛力」才是最大的因素。只是短短數十分鐘的面談，加上一些不太難的測驗，要面試人員就此看出誰比較有潛力，有時候還真是天方夜譚。**因為，有沒有潛力，只有自己知道。**剛畢業時大家的差異或許不大，但五年內可以出現的差異就難以估量了。五年的時間，你可以更瞭解自己的位置、更瞭解這個公司、更瞭解這個環境；你有了與眾不同的人脈，你應該要開始會思考，幫助週遭、團隊、甚至整體做出一些改變。五年過後不論你要轉換跑道，或是被放在升遷名單當中，學歷的重要性一定大幅降低，到時第一份工作的起薪也就不那麼重要了。

談到這兒，22K的方案或許讓原本的起薪水平短少了三、五千元，也可能真讓一些企業主有漏洞可鑽。但是這個方案，在當時百業蕭條的就業市場中，卻能讓三萬四千名畢業生，能夠比其他同年齡的同儕們，早了一年進入職場開始歷練，也較其他人較早建立職場競爭力。換個角度看，22K，這每個月短少的三、五千元就像是投資的長期效益vs.短期獲利，只是，能力、經驗、才華恐不是短線足以建立。我的建議是，與其負面思考「為什麼別人起薪是二萬五千元」，不如思索「如何創造自己的不同」。

早一年進入職場，就早一年歷練。時間，遠遠比差那3K重要得多。

★‖好的開始是成功的一半，但，後面那一半呢？

「好的開始是成功的一半」這句話沒人敢說錯，但也沒人敢保證有了好的開始，後面那一半成功也能到手。目前世界上跑得最快的人是牙買加的鮑爾特（Usain St. Leo Bolt），如果你有觀察他每一次的百米賽跑，你會發現他通常不是起跑最快的，但是在中段以後，大約五十至八十公尺左右，他的加速度可以瞬間爆發，把對手拋在身後，最後用誇張的肢體動作通過終點。但是，我們社會中很多人的思維，都希望在競賽當中「一路領先」到終點。相當於百米賽跑中從槍響起跑後就遙遙領先到終點、籃球賽從跳球後就開始得分，整場比賽都沒有被對手超越。還有，大學畢業後的薪水，也得比過去高，否則，將來賺的就一定會比較少。

事實是，任何人都知道這在現實環境中是不大可能的。從畢業踏入職場的那一天起，代表了另一階段人生的開始，不出意外的話，這段人生短則三十年，長則五十年，並且隨著醫學發達、人口老化還會增加。我自己年逾不惑，站在人生的中間，幾乎快想不起來第一份工作的起薪是多少，但對自己未來五年倒頗有想法。不過確定的是，我的第一份薪水肯定不算太高。

在工作多年之後，我逐漸瞭解到，如果現代社會真的存在競爭，那爭的應該是終點，而非起點。回到22K的議題上，不是說錢少沒關係，而是在目前的時空環境中，大學畢業生大可好好把握這個獨享的機會，拉近自己和社會之間的距離。好好認識這個社會，也讓社會認識你。22K是當時社會不認識你的情況下所能提供的報酬，你的工作不是在計較那3K的差距，而是想辦法讓老闆、讓社會，將來用40K、60K、甚至100K來評價你。

相信很多人會問：「為什麼是22K，而不是25K、28K？」這個問題很好，但要解釋起來卻會複雜得多。很多反對22K的人士舉出產業外移，人才出走的理由，其實也沒什麼不對，但這也只是其中的一部分原因。政府的產業政策可能有問題，長達十幾年失敗的教改可能也脫不了關係，無窮盡的政黨鬥爭更為人垢病。撇開這些不談，用我熟悉的經濟學角度來看，薪資無法上升，原因在於就業市場供給和需求不僅失衡，而且失調。不僅在數量上不對稱，質量上也不適切。這部分在後面章節也會詳談。在這裡的重點是：失衡和失調是當下已成形的環境，或許該思考的是，應該跟著大家疾呼加薪，還是想辦法讓自己的價值跟上社會的需要？如果沒有教育部的22K方案，企業真的只提供22K的薪水，如何讓企業主心甘情願的掏出30K、40K才是根本之道！

走筆至此，相信大家已然瞭解，面對一個充滿負面思維的世界，最好的應對方式是用正面角度來看事情。在一片高喊政府該這麼做該那麼做的氛圍下，反求自己做點改變或許很難，就連賈伯斯也說，和成功相比，失敗的次數多得多。新鮮人不要怕失敗，對於起而行更不要害怕，因為，如果不起個頭，自己永遠會是在一旁搖旗吶喊的那個人。這種人，很多，所以企業只給22K。

白領套裝未必風光，拋頭露面更不羞恥。過去，「學歷＝工作」、「工作＝保障」的時代早已遠離。碩士生去考清潔隊員、博士生去賣炸雞排，媒體報導這些新聞的角度，多半還隱喻著社會地位的差距。一旦學歷不再是工作的保證書時，社會地位差異的觀點恐怕也得調整。那位賣雞排的博士生宋耿郎先生說了一句話：「賣雞排讓我學會謙卑、與人溝通、個性也變好。」衝著這三句話，我打賭他的雞排肯定賣得嚇嚇叫，搞不好人生因此有了不同的際遇。

要賺錢，花勞力就行；要多賺點錢，得靠智慧；要賺大錢，靠的是學習。這些，學校都不會教你。人生真正的挑戰是領到第一份薪水時開始的，講得銅臭味重一點，如果嫌太少，就得證明給大家看你值更多，不願起而行證明自己的價值，只願在一旁搖旗吶喊不公平者即使喊破喉嚨，也拿不到私心所想要的價碼，更何況戮力以行的人正利用你搖旗吶喊時累積自己的能力與才幹，力圖抬高自己的能見度與高度呢！

本書的重點是「新世代的理財術」，企圖提供追求財富者一些路徑，一步步在每一階段為自己累積能量，以庫存財。後面的章節中會提到一些經濟學概念和財務投資觀點，看似既複雜又學術，請不用擔心，這些學理上的東西我會儘量簡化到直覺就可以瞭解，幾乎不大需要再google什麼。有些簡單的計算也只會用到加減乘除，什麼幾何代數、微積分根本用不著。理財本來就是簡單的計算，這個「術」指的是觀念，不是技術。如果你有財務金融背景，正好可以拿來做個複習；如果沒有，本書的內容也不會讓你覺得在看天書；如果真的難以理解，嗯，你只要想到這跟你的錢有關係，別跟錢過不去，它可是你的好朋友，聰明的你只要想想活水與死水的差異，相信你會願意接觸本書。

就讓我們現在開始吧！

2 理財，理才──「把勤捨出去，錢就來了」

理財雖不困難，卻也不是唾手可得。易經有云：「天道酬勤」，意思是上天會按照每個人的付出，給予勤奮的人們相應的酬勞，換個說法就是「把勤捨出去，錢就來了」，也就是說，要想理財得先理理您的智才。

在比我早一個世代的人們，應該很少會「理財」，因為在他們年輕的時候正忙著「賺錢」。在那個年經濟成長超過6%，只要有夢想，肯吃苦，敢拼的人，大概都會有一番作為，財富也會隨之而來。「臺灣錢，淹腳目」已經是二十多年前的口號，它代表的是更早的三十、四十年前那個世代的累積成果。

現在，情況早已不復從前。外面的世界，競爭更加激烈，已經不大可能只靠一招半式就能吃一輩子；地理的疆界已被全球化的貿易和網際網路打破，競爭對手早已不是同班同學、同校畢業生，而是在地球的某一端，根本無從具象究竟是誰。全世界的經濟都面臨了低度成長，利率更是跌到1%。利率1%的意思是，想要讓你的資產自然翻倍，得花上七十年的時間才行；二十年前利率還在7%的時候，翻倍只要十年就行。意思是想要靠存錢累積可觀的財富，沒花個上百年根本不可能，更何況當大學畢業的起薪竟然比十六年前的二萬八還要低時，市場上萬物齊漲，自己都快養不起，哪裡還敢談未來？

因此，要開始談理財前，不得不先介紹現在的經濟市場氛圍。

我們先假定你們不是當下金融業的「目標客戶」。銀行的理專們個個都是理財專家，但他們大多數都是幫有很多錢但不知怎麼花的人管錢，我想很少理專會來服務輕熟年代的你們，更別說是甫出校門甚至是在學學生了。大家都想要有好業績，幫有錢人理財，客戶賺了錢，自己也賺錢；不好的話客戶賠了錢，至少還能掙到手續費。但面對學生，很累，花了半天唇舌講解理財、推薦商品，結果搞不好還得倒貼計程車錢。因為學生問了一個問題：「你能幫我想想怎麼還債嗎？」

但是，還是希望口袋不深甚至是破了個洞的你們，從現在開始學習理財。而且是從零開始。聽起來很怪，沒錢怎麼理財？沒錯，這就是後消費世代的你們該學的必備技能，就像你們的父字輩、甚至祖字輩一個人拎個皮箱勇闖全世界作生意一樣。不入虎穴焉得虎子？不然，你只有期待哪一期的樂透中頭彩。雖然這也是一種理財。

★‖低薪資高失業

用「草莓族」來形容這一代年輕人其實並不公平，部分媒體的

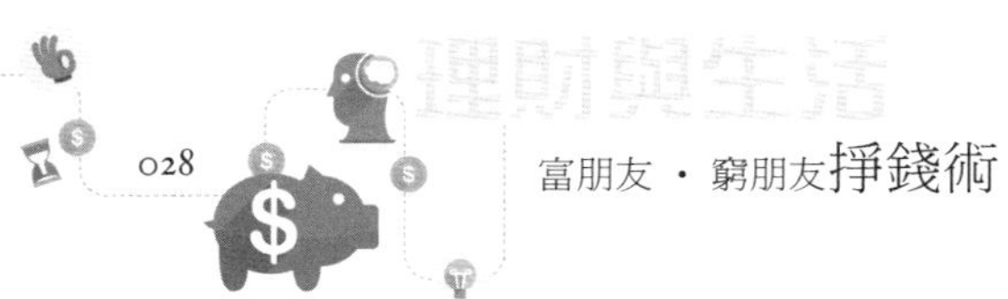

刻意放大效果往往創造一個不具代表性、但卻被普遍使用的名詞。這一代年輕人所面對的是一個截然不同的時代，過去二十年全球代工、廉價勞力、網路發達創造了許多就業和財富新貴，卻也使各行各業技術門檻不斷降低，造成就業環境高度不穩定的後果。以往只要努力打拼就有回報的時代已經過去，取而代之的是創新、專精、頂尖才有可能爭得一席之地。

這樣的變化反應在薪水報酬上就形成了「M化」。具有創造能力、專門技藝的人可以占有大部分的市場，而大部分屬於平凡的人能分到的餅也就相形減少了。我們從兩方面來觀察臺灣青年就業市場所面臨到的問題：

第一，起薪的落差。二〇一六年十月，臺北市就業服務處臺北青年職涯發展中心針對一千二百五十三名十五至二十九歲、新竹以北地區的北部青年進行的調查顯示，社會新鮮人心目中期待的起薪平均為三萬三千九百八十七元，但實際的平均月薪只有二萬五千一百五十八元，二者相差近九千元。

這九千元的差距可以理解為就業市場的結構早已出現根本性的變化，許多已經在工作的青年仍用一種「工作愈久領得愈多」的心態在工作。當然，工作愈久經驗愈豐富，發揮的空間愈大，理應有較高的薪水。但現實卻是：市場機制的結果和想像中有著不小的落差，很顯然當下的勞動市場對於「工作愈久」所願意付出的報酬已經不如從前。

第二，再看看失業率。行政院主計處每個月都會統計全臺的失業狀況。如果從教育程度來區分，自九二年起，大學生失業的增加速度就開始逐年提高。從九三年至今，大學生的失業率就再也沒有低於專科生；九九年開始，大學生的失業率始終高於高中（職）和國中畢業生（見**圖一**）。

不單是比率上，以絕對人數來看也是如此。大學生失業人數在民國九十三年以前都是所有教育程度中最低的，但最近八年來幾乎呈現直線成長，一〇五年十月達到十九萬七千人。至於專科、高中（職）、國中的失業人數則改變不大（見**圖二**）。

造成這種現象很多人會歸咎於大學人數過多。的確，一九九四年臺灣地區大學生總數不過二十五萬人，到了二〇一五年已達一百二十三萬人，增加將近五倍。經濟學在討論勞動市場時，還是從供給和需求兩方面談起，薪資水準的高低也是由供需雙方決定，因此數量上的增加，只能部分解釋失業人數提高，或是薪資水準偏低的現象，但勞動市場「不想要這麼多的大學生」恐怕才是主因。

在這裡我們不會討論太多難懂的經濟學原理，只會運用一些經濟學的知識來解釋當下的「高失業低薪資」的現象[1]。

★ ‖ 薪水為何不漲？

勞動需求顧名思義是指企業需要多少員工。當然，將本求利，企業用人就是要創造利潤，經濟學討論勞動市場時是假設企業是追求「利潤極大化」。意思是只要增加雇用一人所創造出來的利潤

[1]以下的勞動市場經濟學主要是以凱因斯的勞動市場理論為主體。

圖一　臺灣失業率差異（依教育程度）

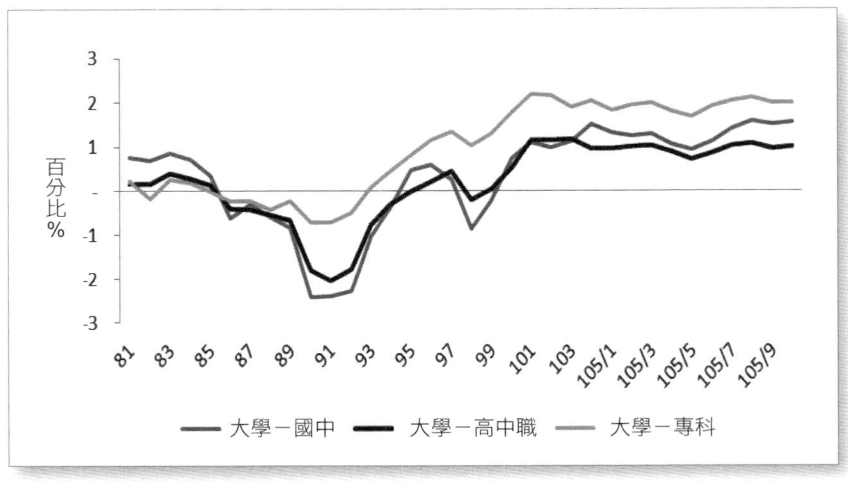

資料來源：行政院主計總處。

圖二　臺灣失業人數（依教育程度）

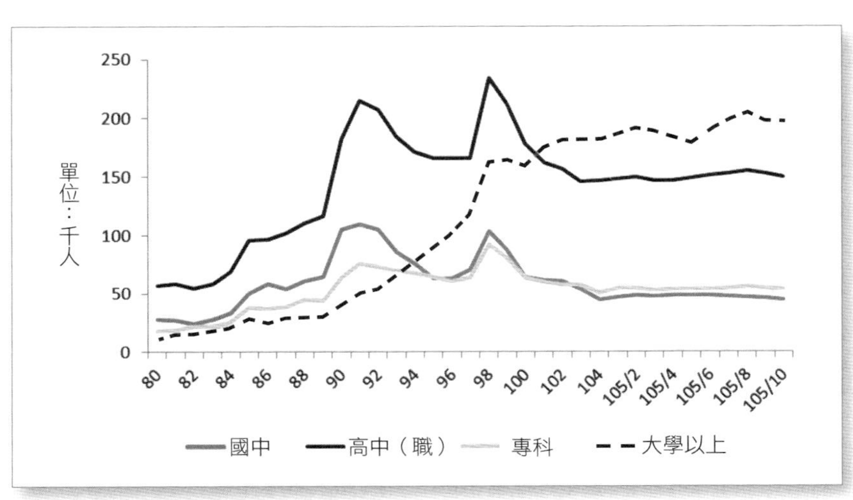

資料來源：行政院主計總處。

（收益－成本）大於零，企業就願意雇用，直到利潤等於零，也就是最後一人創造出來的收益，等於這個人的成本（也就是薪水）為止。在這樣的情況下，整體利潤就會是最大的。這種「**邊際收益＝邊際成本**」是勞動市場一個相當重要的假設。

另一個基本假設是：大多數員工關心的是**薪資水準的數字高低，而不是實質所得高低**。意思是員工喜歡看到薪資帳戶數字不斷增加，而「比較」不在乎它實際上能買到多少東西。這個假設和實際現象頗為近似，想想近年來物價上揚，提高薪資及最低工資的呼聲就不斷。「萬物皆漲，唯獨薪水不漲」是極為有力的口號。但萬一物價下跌呢？我想沒有多少人願意因此減薪，即使減薪後能買到的東西沒有改變。這種人性的心態有個專有名詞，稱為「**工資僵固性**」（wage rigidity）。

有了這兩個假設，接下來的分析就容易得多。在這裡，我們主要分析大學畢業生的勞動市場，因此需求和供給係以大學畢業生為假設，而非整體勞動市場。

如**圖三**所示，對大學畢業生的需求圖形是一條由左上往右下的曲線，表示企業在雇用人員時，工資開得愈高雇用的人愈少；而對大學畢業生的供給則是一條右上往左下的曲線（如**圖三**），表示工資水準愈高，就會有愈多的大學生投入找工作的行列。兩條曲線交會的一點，就是正常狀況下的勞工數量（N_0）和工資水準（W_0）。圖形可參見**圖三**：

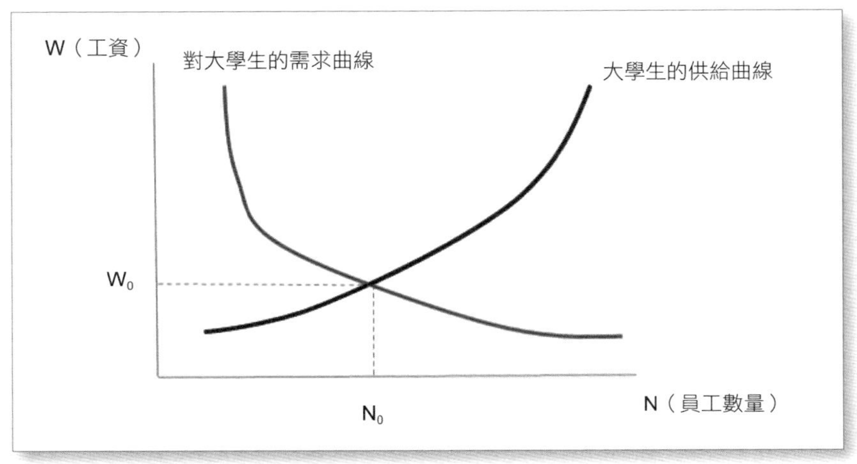

接下來我們加入一些現實的狀況：(1)工資有其僵固性，就算經濟並不景氣，畢業生起薪仍希望不跌；(2)產業結構改變，引發各行各業出走，對大學生的需求下降；(3)大學生人數大幅提高，找工作的人數增加；(4)物價逐漸走高，東西愈來愈貴。這四項狀況反應在**圖四**的分析中，產生了以下變化：

1.大學生畢業起薪在不景氣中維持W_0的水準。

2.企業對本地（臺灣）的勞動需求的數量下降。這與薪資水準沒有關係，而與產業變化有關。對大學生的需求變少，需求曲線向左移動。

3.大學畢業生數量增加，勞動供給增加，供給曲線向右移動。

4.物價愈來愈高，過去一個麵包十元，現在至少三十元。物價

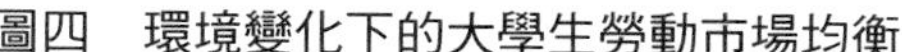
圖四　環境變化下的大學生勞動市場均衡

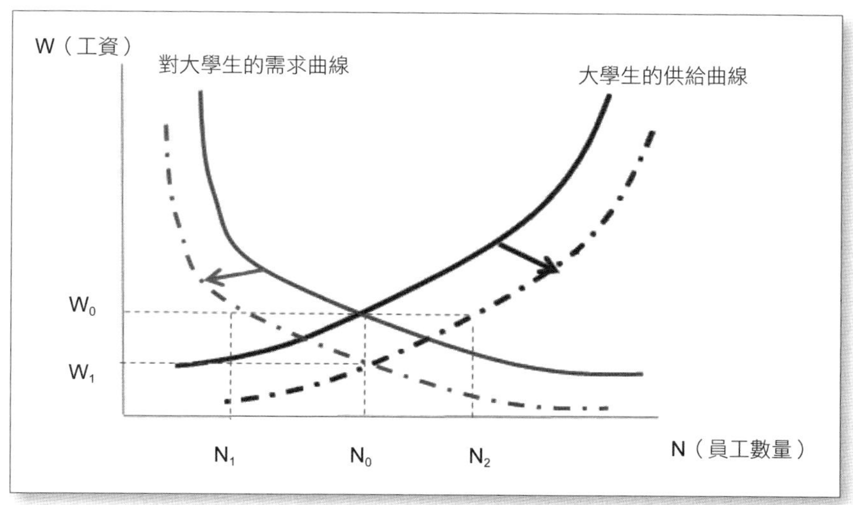

上升對企業而言，付出去一樣的薪水，實際上的支出是減少的，因此企業願意多雇用人，對大學生需求增加，需求曲線會向右移；對勞工而言，拿一樣的錢，東西卻變貴了，「購買力」實際上下降了，會比較不願意出來工作，供給曲線會向左移。

從以上的情境可以發現有兩股力量在互相拉扯。由於產業結構的改變，企業尋求低成本和更廣大的市場而外移，對本國大學生的需求實際上是下降的，即使物價在這段期間上揚，使得企業提高了對本國大學生的雇用意願，但還是不敵產業結構改變的力量，因此這段期間**整體上對大學生的需求是下降的**。

另一方面，大學生在過去十多年間以倍數增加，物價上升所產生的降低工作意願的影響其實有限，因此這段期間**整體上大學生的供給是增加的**。

我們來看看整體大學生的供給情況對圖形會產生什麼變化：

假設在原來大學生的就業市場中，薪資水準是W_0，就業人數是N_0。但內外情勢發生轉變後，企業需要的人變少了，大學畢業人數變多了，物價漲了，就算要求的薪資（W_0）不變。但在當下的環境中，企業只願意提供N_1個職缺。這時大學生的就業成了買方市場，最後薪水會維持在W_0的水準，理論上只有N_1人得到工作，N_1至N_2都成了失業人口。

進一步來說，真實的現象是：N_1至N_0之間的人可能會接受W_0至W_1之間較低的薪水，N_0至N_2之間的人則不會接受比W_0更低的薪水。所以，最終的就業人數應該會落在N_1至N_0之間，薪資水準卻落在更低的W_0至W_1之間，不但失業人口增加，薪資也比過去要低。[2]

不止如此，如果把物價考慮進去，W_1的實質所得其實是更低的。

根據勞動部的調查統計，民國一〇四年大學新鮮人起薪平均為二萬七千六百五十五元，專科新鮮人為二萬三千七百三十二元，只比民國八十八年初次統計的水準稍稍高一點（見**表一**）。但是這段時間二十至二十四歲青年的失業率卻是升高的（見第三十五頁）。同時，若考慮物價水準後的實質薪資，民國九十九年的調查報告

---

[2] 本章所運用的勞動市場分析在假設和解釋上作了相當程度的簡化，目的在說明大學生就業市場今昔的不同，並非強調經濟學模型的精確與否。讀者若對相關分析有興趣，建議可參考經濟學入門書籍。

表一　社會新鮮人的起薪變化

	研究所以上	大學	專科	高中職
民國 88年	30,388	27,462	24,784	21,318
民國100年	32,321	26,577	23,388	21,183
民國104年	32,638	27,655	24,824	22,980

資料來源：行政院勞動部。

顯示，大學畢業生的平均起薪與民國八十九年相比，跌幅更高達14.8%！[3]（見**圖五**）

這就是今天大學生面臨的狀況。

怎麼辦？

很多人將責任指向政府，不管是產業政策還是大學普及化，政府政策的確有檢討的必要。然而，檢討了政府，問題就解決了嗎？大學畢業生的工作和未來就有著落了？

回到本書一開始談到 22K 的問題，長期身處在一個充滿負面思維的世界，我們的思維很容易就會變得會去「責怪別人」，好像別人做好是應該的，如果有什麼不對勁都是因為別人做不好、做錯了。小心呀！這樣的思維不會提高你的「就業能力」，卻會嚴重侵蝕你的「競爭力」。

★‖「就業能力」不等於「競爭力」

大學畢業除了是一張文憑之外，在就業市場中至少還代表了一

[3] 痞客邦、SWARCHY、面對面設計今天共同發表的「數說臺灣——難怪你會『薪』情不好」調查報告。

圖五　2000 至 2010 年薪資、大學學費與物價之比較

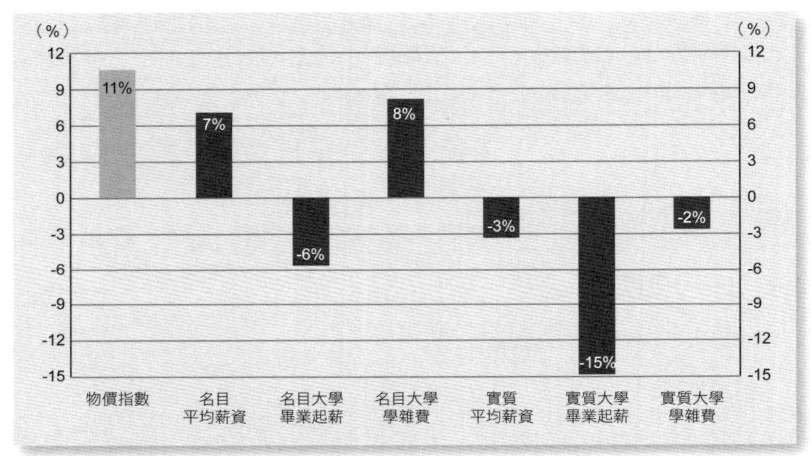

說明：

1.2010年VS.2000年各項數據之成長率。

2.薪資與物價數據為該年7月份政府統計調查結果。

3.物價指數是指消費者物價指數，以2006年為計算基期。

4.大學學雜費為各大學各學院之公告學雜費之平均值。

資料來源：「數說臺灣——難怪你會『薪』情不好」調查報告，happix.pixnet.net/blog/post/82979365。

份就業能力的證明。證明你有「資格」進入就業市場。就像是各行各業不同的執照一樣，考取了執照只能代表你有這門專業的基礎知識，不太需要從頭學起。只是，你能不能在職場中生存，甚至發揮所長、步步高升，關鍵不在於「就業能力」，而在於「競爭力」。

排除非營利組織及公益團體，企業用人與否的概念其實相當簡單，用前面勞動市場經濟學的概念，就是**用了這個人之後對公司產生的效益，是否會大於公司付出去的成本**，這是每一個企業用人的基本準則。文憑，只是保障你有機會參與，並不保證能進入，也不保證能生存。如果無法讓自己產生更高的價值，很快地就會面臨到適應及生存的問題。

為什麼會變成這樣？

在過去，全世界的市場沒有今天那麼高的整合度，人才沒有那麼高的流通性，每個人在勞動市場所面臨到的競爭比較集中在地及區域性。用更簡單的話說，就是競爭沒那麼激烈，每個人的「被取代性」比較低。然而今日的世界早已改觀，很多產業和企業面臨的是全球的市場，競爭來自四面八方，需要的不再只是本地的人才。全世界人才的流通是平的，在臺灣找不到的，可能在韓國、印度、中國出現，中間的藩籬早已打破。沒有提升自己的能力，創造更高的價值，機會很可能就會被世界某一角落的人取代。過去二十年中國以低成本勞力取代了先進國家（包括臺灣）製造業勞工的價值；印度以語言優勢奪取了全球軟體及電話服務的商機；韓國創造了全球性的家電、汽車、機械的品牌價值；香港和新加坡則以低稅率和低門檻發展成區域金融中心。那些原本散在各地的製造業勞工、Call Center人員、擁抱國內市場 的家電品牌，以及只做在地生意的銀行，突然驚覺自己有極高的「被取代性」，一不小心生存都會出現問題。

「上海大承網絡技術」是中國著名的網路遊戲平台企業，公司執行長楊震曾經生動地描寫他在用人方面的標準：

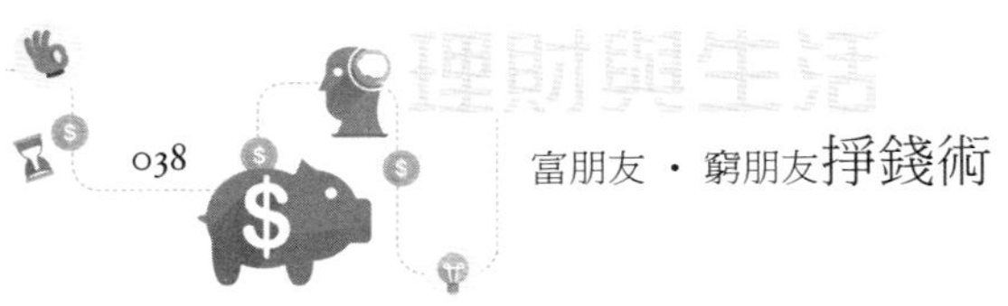

「我不一定用國內的人，例如遊戲設計日本很強，行銷新加坡很強，軟體程式臺灣很強，我就用當地人，如果一樣強，我用最便宜的。」

上述這段話可以說是以全球化市場作為背景的一種思維，反觀臺灣，這一代大學生常常被拿來和過去的一代、甚至好幾代比較。這其實並不十分公平，制度可能有缺陷，大學數量可能多了一點，所學也不見得有用，但最大的原因是環境改變了。過去「學歷」可能等同於「工作」，「就業能力」也代表了「競爭力」，現在這一切都不同了。企業家經不起這場全球性巨變的，就有可能會在這一波浪潮中滅頂；政治人物無法抵擋這股整合力量的，也不乏被推翻下台。大學生只不過是這股潮流當中的一員而已，只是「低薪」、「就業難」涉及生存，當然需要認真面對。

「就業能力」不等於「競爭力」的現象不是臺灣獨有，而是世界性的現象。歐盟地區十五至二十四歲青年失業率平均為22.2%（二〇一四年），其中西班牙和希臘分別高達53.2%和52.4%，令人咋舌！就連數年來經濟開出漂亮成績單的南韓，同樣面臨著大學生供過於求，青年失業率高達8.2%（二〇一六年十一月，是一九九九年以來的新高）。[4]「畢業即失業」的現象可說是同樣在各地上演。

---

[4] 南韓就業網站Saramin在二〇一三年一月訪查六百二十三名大學四年級學生的結果發現，每十名受訪者中有四人「有延畢的打算」。其中財經科系應屆畢業生回答「延畢」的比率居冠，占52.3%。其他依次是理工類與社會科學類（均占42.4%）、藝術體育類（37.5%）和人文類（37%）。其中因為「無法順利就業」是最主要的原因，占67.3%。

★‖成為多數，還是少數？試著擺脫低薪宿命吧！

面對競爭激烈，「薪情」不佳的一代，怎樣才能擺脫困境？

要求政府提高基本工資當然是一個辦法，希望企業加薪也是有可能的，每年農曆年前各大媒體無不大肆報導各家企業的年終獎金有幾個月，只是，這還是停留在「等別人來幫忙」的思維，這種心思不除，恐怕還是難以擺脫低薪宿命。

民國一〇三年十月勞委會公布了十五至二十九歲的「青年勞工就業狀況調查」報告，其抽樣的方式固然有誤差，但其公布的大學學歷薪資分布情形為一種值得觀察的現象。（見**圖六**）

我們假定就業者大學畢業時的年齡在二十二至二十四歲之間，也就是畢業〇至七年間的所得狀況。前面曾提過一個資料，大學畢業生起薪平均為二萬七千六百五十五元（民國一〇四年），**圖六**的資料顯示，即使工作數年後，仍有21.1%的人月薪在二萬五千元以下[5]。從這個角度來看，薪資要大幅成長簡直是不可能的任務。然而如果從一個正面的角度來看，有10.8%具有大學學歷的人，可以領到四萬元以上的薪水。[6]

在這裡不以薪水數字來衡量人的價值，只談就業、理財、甚至理債，數字雖然冰冷，終究也表達了一些現象。我們至少可以假定，大多數人對薪水增加是歡迎的。那接下來的問題在於：你的眼

---

[5] 3.1%+0.8%+17.2%=21.1%。

[6] 6.1%+2.2%+2.5%=10.8%。

圖六　16至29歲大學學歷薪資分布

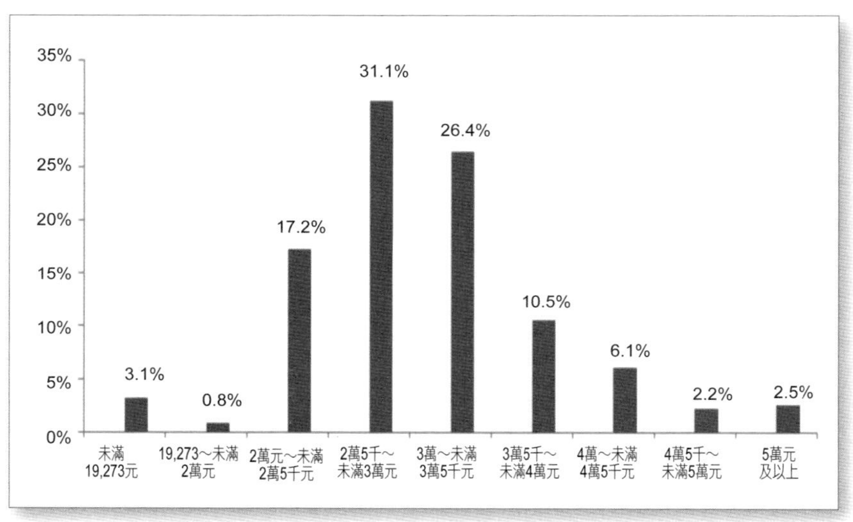

資料來源：統計資料不包括研究所及以上。詳情可參閱行政院勞工委員會，網址http://statdb.mol.gov.tw/html/svy03/0311menu.htm。

睛看到的是21.7%，還是10.8%？

多數人看到的可能都是21.1%，要不然這個數字也不會這麼高。但本書希望你看到的是10.8%。這十分之一的人，在尋找工作機會時所面對的，不是本章**圖四**的那張供過於求的就業市場，而是下面的**圖七**：

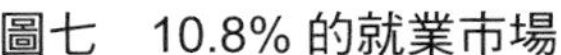
圖七　10.8% 的就業市場

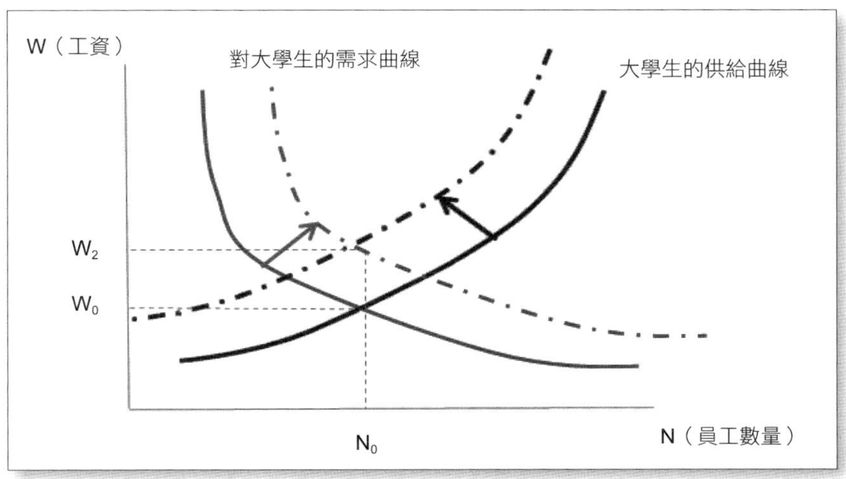

這 10.8% 的人有些什麼特質，讓企業願意掏出高薪來聘請？我想恐怕不是因為他是大學生，更不太像是因為來自所謂的名校。美國大學和雇主協會（National Association of Colleges and Employers, NACE）在二〇一三年有一份調查報告，調查美國公司雇用大學畢業生最看重的品項包括：（依優先順序排列）

1.與人溝通的能力（communication skills）。

2.分析能力（analytical skills）。

3.團隊工作能力（teamwork skills）。

4.專業技能（technical skills）。

5.職業道德（work ethics）。

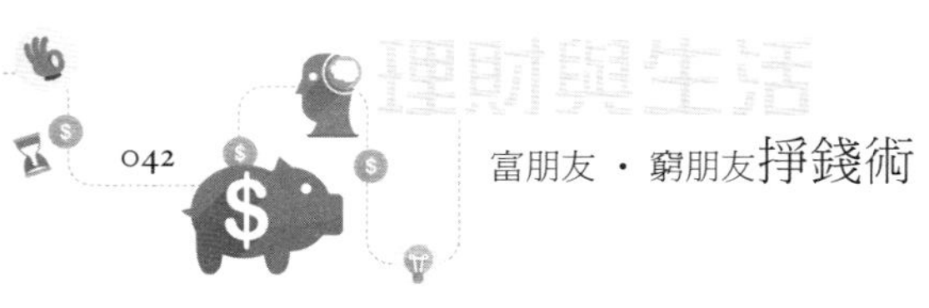

我相信，這些標準不止在美國，而是放諸四海皆準。

我曾經面試過一個私立大學的畢業生來應徵投資助理的職位。起初對他熟悉英、日、德三種語言感到好奇，但更令人驚訝的是他能用學到的經濟學知識，分析二〇〇八年的金融海嘯、量化寬鬆、二〇〇九年的杜拜危機和對未來的看法。令我印象之深，不在於他的分析正確與否，也不是因為交來的報告多麼圖文並茂。而在於他為了這個職位一定有了長期的準備：他一定平時就有在看《華爾街日報》，而不是臨時抱佛腳；也一定有做過（或看過）相當多的經濟分析，經濟名詞用起來毫不彆扭；他也一定有過遊學或交換學生的經歷，否則不會談到歐洲的未來如此鮮明生動。當下的我立刻知道，他是屬於那不到一成的那群人，不同於那21.1%就業市場所需的人才。只要給他舞台，他必定能有所發揮！這樣的人在就業市場中並不多（供給少），公司反而會搶著要（需求大），最後呢，老闆自然心甘情願提高價碼請人（**圖七**中的 $W_2 > W_0$）。後來這位人才也的確成為工作伙伴，也有著很好的表現。

只要給他舞台，他一定能發揮！企業要的是這種人。

如果你想當軟體工程師，請問你有多少設計成品放在Android、IOS平台上？如果想當業務員，請問曾有過什麼銷售商品的經驗（網拍也行）？如果想作金融商品，請問知不知道目前市面上有過哪些金融商品？自己有投資過哪些？真正操作過。如果你想做產品設計，請問曾經設計、發明、或提出過任何與傳統思維不同的點子嗎？還是，你如果想賣雞排，請問需要怎麼炸才能讓大家都

來買你的雞排？需要讀博士嗎？恐怕不是吧！

這些沒有標準答案，答案得自己找才有。我只知道，如果畢業後還是用一張白紙去求職，告訴老闆我什麼都能做，老闆們也只能付你一張白紙的價碼，看看你以後會變成什麼。如果你給老闆的是一張著好色的畫布，你所要做的，就是抓住屬於你的機會，遇到賞識你的人，然後把能力發揮到極致。因為你早已準備好了。林書豪就是個活生生的例子，在沒人發掘時，幾乎要被籃球所棄，但在二〇一二年二月時，他的準備有了舞台，也抓住機會發揮到極限，這才創造出那段灰姑娘似的傳奇。不是每個人都能像林書豪，但有沒有準備好卻是關鍵。

學理財，不妨先學會理才，把自己變人才。

理財，理債——有債時怎麼辦？

上一章談的是「理才」，這一章要談的是「理債」。

你或許會認為，應該開始談怎麼理財？怎麼投資比較重要啊！

這句話對了三分之一。

在長久的工作經驗和無數的客戶互動觀察中，我得出一個觀念，**所謂理財，其實包括了三個層面：「賺錢」、「省錢」、「滾錢」**。賺錢靠努力，努力培養自己成為一個「人才」；省錢，是開始累積財富的第一步，至於沒錢的大學生就得從清理自己的債務開始；而「滾錢」，才是多數人以為的理財。

別誤會，這裡談的「理債」不是教大家怎麼不欠債。本章將會提到，在一些情況下，欠債並不是一件壞事。而是在一些情況下，反而應該考慮去借錢。**「理債」應該是指，認識債務，並且好好利用債務。**

★ ‖ 你知道你在負債嗎？

在一次朋友的聚會中，一位在大學任教的朋友在聊到當下人們的投資理財時，突然冒出了一句話：「現在有些大學生，根本不知道自己在負債！」

這句話引起了我的興趣。在我這個六年級生的頭腦裡，不會認為欠錢是件要不得的事，而且還會告訴大家，適當的負債反而「有益身心健康」，有一股動力讓自己達到設定的目標。但是，欠錢就是欠錢，負債就是負債，欠錢沒關係，還就是了，怎麼會連有沒有負債都不知道呢？

什麼是負債？以我個人的簡單定義，**只要將來是要還的，就是負債。**

父母長輩出錢供唸書、買摩托車、買電腦、買手機、甚至未來幫忙付房子的頭期款，並不要求還錢，是將他們的個人資產用扶養、贈與的方式轉讓予子女，算是一種「資產的移轉」。在本章後面介紹的個人身家簡表中，是歸類於「個人淨資產」項下。但其他大多數的資金來源，不管是信用卡循環借款、房貸車貸、助學貸款，背後都是從銀行借來的。這不是「資產的移轉」，而完全是借貸關係。因為銀行會把今天借給你的錢，加上利息後在未來跟你要回去。因此在個人身家簡表中，不能和個人淨資產混為一談，而必須單獨設一個欄位，這個欄位叫做「負債」。

大學生有負債問題，不是只有臺灣才有。根據《時代》雜誌（二〇一六）的調查，美國三分之二的大學生背負有學貸，畢業時平均負債三・五萬美元（約一百一十二萬新臺幣）；英國大學畢業生平均負債四・四萬英鎊（約一百七十七萬新臺幣）；在臺灣，根據行政院主計處的統計，在臺灣唸四年大學的學雜費在一九九四年時只有六十一・六萬元，到了二〇一二年飆到一〇〇・三萬元，相當於大漲了六成。教育部二〇一六年的統計，有多達22.5%的大專生申請學貸，其中私立院校占了八成（二十四萬一千八百六十六人）；而目前還在背負學貸的，包括在學及畢業生，人數高達九十四萬人。

除了助學貸款外，信用卡債也是另一個普遍債務。我的第一張信用卡是大學聯名卡，額度二萬元，當時大部分時間都用不著，如今卻時常看到年輕一輩的朋友身陷卡債泥淖，一畢業就背負著百萬債務的新聞時有所聞。根據一份二〇〇八年的調查，當時大學畢業五年後的上班族中，有45.7%的人負債，其中信用卡債占了19.2%、助學貸款占16.8%、房貸占12%、車貸占4.5%[1]。八年後的現在，就業環境改善不大，學雜費只漲不跌，所得成長卻倒退，如果現在再做類似的調查情況可能更糟。

如果現在你能夠每學期順利註冊，皮包打開有錢花，「399吃到飽」覺得很划算，看到Uniqlo的當季新裝、LeBron最新一代的籃球鞋就掏出卡來刷，請多瞭解一下錢是哪兒來的。自己打工賺錢

---

[1]參見「七年級理財素養大調查」，今週刊、國泰金融集團、104人力銀行、世新大學合作的計劃。七年級前段班平均理財素養分數為六十二・三九分，後段班平均只有四十九・七分。

當然辛苦，但至少不會被負債壓得喘不過氣；父母還在支援，固定在銀行存褶中放錢，甚至幫你付信用卡帳單的，請常常回去看望他們，體諒他們賺錢的辛苦。如果都不是，你可能得確認自己是不是欠了債而不自知，還是已經習慣每個月只繳最低金額。一千元卡債一年後得還一千二百元看似不多，但欠一百萬卡債一年後就是一百二十萬，那就非同小可。最糟的是，在剛出社會準備打拼時，就必須和銀行進行債務協商，每個月從薪水扣款，同時限制消費。讓自己甫出校門就成了魯蛇，這種感受一點都不好。

如果你剛畢業，或是即將面臨畢業，無論多麼不熟悉、不情願，請你務必開始關心自己的財務狀況，開始學著規劃用錢、存錢、省錢、管錢，還有管理債務。你有任何短中長期的目標，十之八九都少不了「錢」的支持。錢不是萬能，但沒錢、甚至是債務纏身，絕對會讓你動彈不得。

★‖有些時候「債」還是一種「資產」呢！

這個標題乍看之下會覺得不可能？債就是債，欠債是要還的；但資產可是握在自己手上的，二者怎麼會一樣？

「資產」的種類千百種，現金當然是資產；股票、基金也是；借出去還沒收回來的錢也是；房子、汽機車、電腦、手機當然都是；更廣泛地說，存很久的錢買的名牌包、高跟鞋是資產；網路遊戲的點數卡、虛擬寶物也可以算是；大學畢業證書那一張薄薄的紙當然算是（那可是你花了四年的學雜費、生活費、教科書錢換來的）。從會計學的角度來說，**只要透過交易或非交易的手段、可以用貨幣計算價值、具有未來收益能力的經濟資源，無論是有形或無形的，都可以稱為資產。**

別緊張，這裡沒有要上會計學，只會用一些會計學的名詞而已。接下來，要對這段話的兩個地方多談一點。

「透過交易或非交易手段」的意思是，資產的取得可以靠花錢買，好比買一台電腦、一支手機、一個名牌包，把錢交出去，把貨拿回來；也可以是別人送的，好比有個富爸爸買一棟房子過戶到名下，這棟房子也就成了你的資產，這稱作非交易手段。

非交易手段暫且不談，問題是，靠交易手段取得的資產，錢是打哪兒來的？

有一部分會是自己的，不管是努力打工兼家教、端盤子、擺地攤、發傳單、當展場show girl；甚至作網購、當網紅；還是父母、親戚給的都算。另一部分，可能是借來的；機車分期付款是向銀行借的（不是向機車行借，這得分清楚）；開學期間把每個人搞得愁眉苦臉的學貸也是向銀行借的；每個月的卡費若沒繳清，高得嚇人的循環利率是向銀行借錢的代價。我們用借來的錢買機車、買手機、繳學費換文憑，欠的債其實是用來換資產。

所以我說，**有時候欠「債」是為了增加「資產」。**

如果把上面一大段話用簡單的方式表示，我們每個人的身家都可以用下面這一張表來簡單表示：

表一　個人身家簡表

個人資產	個人負債
現金：包括銀行存款 個人用品：衣物、書籍、皮包、手錶、樂器等 借給別人未收回的錢 電腦／平面／手機 房子 股票、基金、外幣 汽、機車 其他具有變現性的東西	學貸 信用卡債 房貸 汽、機車貸款 向別人借的錢 其他不同變現性的借款 **個人資本（淨資產）** 個人原有積蓄 長輩贈與 其他

表一中的左側是個人資產，簡單來說就是自己的身家。右邊分為上下二部分，表示這些身家是打哪兒來的。上半部是個人負債，也就是借來的錢；下半部是個人資本，也稱為淨資產，是原來就擁有，或其他非借來（以後不用還）的資產。

表一需要注意二個名詞：第一個是**變現性**。意思是轉換成現金的能力。大家知道現金是最具有交易能力的工具，以物易物都是不得已的。因此無論是資產還是負債，能否快速轉換為現金往往是衡量變現性的重點。但是問題來了，現金是沒有報酬的資產，皮包裡的鈔票不會隨著時間長大，但銀行存款有利息、投資股票基金有收益、買房可以增值、買車買電腦至少可以增加交通和工作效率。然而有一好沒兩好，**愈具有變現能力的資產，往往收益性較低**。不止是資產，負債也是一樣，當月把信用卡款繳清不需負擔利息，一旦拖到下個月繳就得開始付超高的循環利息，最高可達15%；但房貸

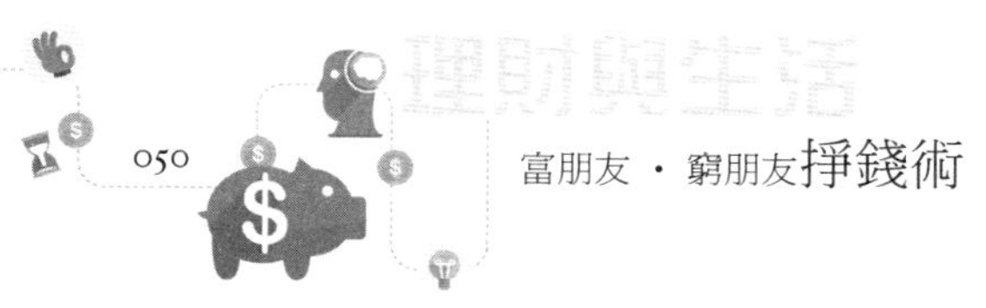

長達數十年，慢慢償還即可，因此利率可以低到2%。**愈是短期內需要償還的負債，付出去的代價（利息）愈高。**

由於變現性的不同，我們大致可以將**表一**整理如**表二**：

表二　依變現能力所列之個人身家簡表

個人資產	個人負債
高變現性資產： • 現金：包括銀行存款 • 股票、基金、外幣	**高變現性負債：** • 向別人借的錢 • 信用卡債
中度變現性資產： • 借給別人但未收回的錢	**中度變現性負債：** • 學貸 • 消費型貸款
低度變現性資產： • 個人用品：衣物、書籍、皮包、手錶、樂器等 • 電腦／平面／手機 • 汽、機車 • 房子 • 其他	**低度變現性負債：** • 汽、機車貸款 • 房貸 • 其他
	個人資本（淨資產）
	• 個人原有積蓄 • 長輩贈與 • 其他

下面舉一個例子來說可能更清楚：

假設大學生丁丁整理了自己的財務狀況後，終於弄清楚了自己的身家簡表。

請注意，在**表三**的身家簡表中，總資產必定等於總負債＋個人淨資產。在丁丁的身家簡表裡，總資產（二十一萬五千）必定等於總負債（十四萬三千）加上個人淨資產（七萬二千），意思是**自己擁有的身家，不是個人資本，就是借來的。**

表三　大學生丁丁身家簡表

個人資產		個人負債	
高變現性資產：		高變現性負債：	
• 現金：包括銀行存款	3萬	• 向阿榮借的錢	3千
• 股票、基金、外幣	3萬	• 信用卡債	2萬
中度變現性資產：		中度變現性負債：	
• 借給阿哲未收回的錢	5千	• 學貸	12萬
低度變現性資產：		低度變現性負債：	
• 個人用品：衣物、書籍、皮包、手錶、樂器等	大約5萬	• 汽、機車貸款	0
		• 房貸	0
• 電腦一台	大約5萬	總負債	14萬3千
• 手機一支	大約1萬		
• 機車一輛	大約4萬	個人資本（淨資產）	
• 房子	0	• 個人原有積蓄	3.2萬
• 其他	0	• 長輩贈與	4萬
總資產	21萬5千	個人淨資產	7萬2千

另一個名詞是「**未來收益能力**」。簡單來說就是手中握有的資產是否會在未來創造出其他的價值。「價值」這個字眼有點抽象，某些價值能簡單用貨幣計算，像是前面提到把錢放在銀行可以收利息、投資股票基金有收益、買房可以增值等等。有些價值就比較難以量化，像是買車減少交通時間、買電腦增加效率、買保養品增加自信、唸大學為了日後就業等。不管如何，只要能在未來創造出其他價值的資產都值得投資，甚至是借錢去投資都可以。但在借錢的過程中得估算一下：產生的效益必須大於付出去的代價，而且重點是得負擔得起，借這筆錢才比較有價值。當然，還有些資產是我認為不大具有投資價值的，像是抽煙、吸毒、嚼檳榔，這些既損害健康，更甚者還賠上了大半人生；染髮、美甲加化粧，這些流行

的行頭，價值折舊特別快；只讀書不思考，人生可不是只有唸書；「混」一個大學學歷，這在我看來就像用寶貴的四年時間，去換一個價值有限的憑證，尤其是在現今的超光速時代裡，相信這個憑證會折舊得更快；上述這些用個人資本去投資都覺得有點浪費，更別說是負債了。

＊‖負債是壞事嗎？

對於大多數的人來說，如果沒有富爸爸也沒有祖產，「負債」可以說是一定會有或必經的現象。尤其是在打拼一陣子之後，多半會有家庭、子女，以及一份還算穩定的工作。因此，買房需要申請房貸，買車可能會有車貸，這時每個月得按時繳款還本息，也就是產生了負債。而在這個狀況下，「負債」不一定完全是壞事，反而是鞭策自己好好打拼的動力。

負債本身是一具有風險的事，老一輩的人聽到負債二字就認為不是件好事，認為手頭沒錢的人才會去借錢。其實，個人的財務管理早應該擺脫「無負債就是好」的迷思，**著重的應該是「創造資產」及「現金管理」**。在現金調度允許的情況下，適當的負債，反而會讓資產成長，這些資產若能提供更高的收益，除了償還債務之外還能有餘，這時負債反而變成一件增加價值的事。

舉個簡單的例子：很多人視買房為畏途，認為房價太高，自己的薪水永遠跟不上。這種思維並不能算錯，但卻非常傳統：(1)身上要有足夠的錢才能買房，最好是不要貸款；(2)繳房貸後身上所剩無幾，是一件划不來的事。但現實的結果是，想買的房子永遠買不起，因為好地段的房價易漲難跌，自己的薪水永遠難以跟上房價的漲幅。這裡不評論房價高低，也不是主張大家都得買房，只是單純的陳述些觀念，全世界只要不是刻意炒作的泡沫，房價的上漲通常都會高於利率及薪資水準的上漲。這說明了二件事：(1)要等到薪水多到可以買房是相當困難的；(2)用較低利率貸款買房，可能會有較高的資產增值。以上班族來說，在支應生活開銷和基本儲蓄後，若還付得起目前年息2%左右的房貸本息，貸款買房不見得是划不來的事，過去十五年臺灣地區平均房價成長了將近180%，年複合平均大約成長7%[2]，絕對比房貸利息要高。換句話說，雖然每個月有現金支出，但如果現金管理得宜，買房反而會讓整體資產價值增加。

我們以前面提到的個人資產總表為例：假設丁丁畢業後找到一份工作，月薪二萬八千元，在評估買房或租房的得失後，咬牙買了一間自己住的套房，總價三百六十萬元，父母好心提供自備款一百零八萬元，貸款七成（二百五十二萬），年限二十年，因為加入財政部「青年安心成家專案貸款」，第一、二年每月支付本金加利息九千元，第三年起月付一萬元[3]。

[2] 根據自信義房屋公布的截至二〇一六年第四季的「信義房價指數」。

[3] 依照財政部「青年安心成家專案購屋優惠貸款」一般資格（第二類）的優惠，八百萬元以內的自用住宅房貸第一、二年利率為中華郵政二年定期儲金機動利率（目前為1.095%）加碼0.345%（1.095%＋0.345%＝1.44%），第三年起加碼0.645%（1.74%）計算。為簡便起見，每月償還金額均簡化，第一、二年原本月付九千零五十五元，簡化為九千元；第三年起月付九千九百二十八元，簡化為一萬元。資料取自內政部不動產資訊平台。

因為買了房子，丁丁的個人資產總表變成了（見**表四**）：

表四　丁丁身家簡表（購屋後）

個人資產		個人負債	
高變現性資產：		高變現性負債：	
•現金：包括銀行存款	3萬	•向阿榮借的錢	3千
•股票、基金、外幣	3萬	•信用卡債	2萬
中度變現性資產：		中度變現性負債：	
•借給阿哲未收回的錢	5千	•學貸	12萬
低度變現性資產：		低度變現性負債：	
•個人用品：衣物、書籍、皮包、手錶、樂器等等	大約5萬	•汽、機車貸款	0
		•房貸	252萬
		總負債	266萬3千
•電腦一台	大約5萬		
•手機一支	大約1萬		
•機車一輛	大約4萬	個人資本（淨資產）	
•房子	360萬	•個人原有積蓄	3.2萬
•其他	0	•長輩贈與	112萬
總資產	381萬5千	個人淨資產	115萬2千

因為買房，丁丁的資產增加房屋一筆三百六十萬元，負債增加房貸二百五十二萬元，淨資產增加一百零八萬，長輩贈與由原來的四萬元增加到一百一十二萬元。此時丁丁的總資產成了三百八十一萬五千元，總負債為二百六十六萬三千元，個人淨資產為一百一十五萬二千元，總資產仍然等於總負債加上個人淨資產。

丁丁的總資產增加了三百六十萬元，同時負債增加了二百五十二萬元，淨資產因為父母的資助多了一百零八萬元。當然，總資產的增加當中，有很大一部分是來自於向銀行的貸款，另外是父母的資助，帳目上看起來丁丁的資產是「虛胖型」。但是，當丁丁開始償還本息，負債數額將會慢慢減少，房屋就愈來愈像是真實的自有資產了。

雖然繳房貸是一種不算短的經濟壓力，成為「房奴」心裡也不見得好受，但重點是這個負債的過程創造了資產，並且是有可能增值的資產。以本例來說，長期來說房價是緩步上揚的，就算不若前面所提平均每年上漲7%，以每年5%的比例增值計算，五年後房屋價值也會增值約27%，比起每年付出去的貸款利息不及2%，資產增值的速度超過了負債成本，仍是相當划得來的投資。許多老一輩的人始終認為房地產是最穩當的投資，甚至一些投資客坐擁數十間房產，再把房屋出租，除了賺取資產增值外，還有定期的現金（租金）收入，身上雖然背負了龐大的房貸，資產卻也大幅增加[4]。臺灣經過這幾年的「打房」，房價已從歷史新高逐步滑落，中央銀行公布至二〇一六年八月底國銀房貸餘額達六・二兆新臺幣，年增率為負的4.73%，二〇一二年以前不斷升高的房價不再，買盤轉為縮手觀望。不過看在許多房市老手的眼裡，景氣起伏是一回事，長期而言房價還是會穩定上升，因此仍有人願意在低檔出手，用時間將「負債」轉變為「資產」。因為多數的房市老手在二〇一二年這波漲幅浪潮中可說是荷包滿滿。

回到丁丁的例子，一旦開始付房貸，丁丁便必須瞭解自己的各

---

[4] 在此是以數學計算每年百分之五的成長，五年後的增值，實際房價的增減還是得看個別區位、經濟環境、生活機能等因素而定。此例僅說明某些形式的負債，只要調整資產和現金管理，其實並不是壞事。

圖一　臺灣地區房價指數

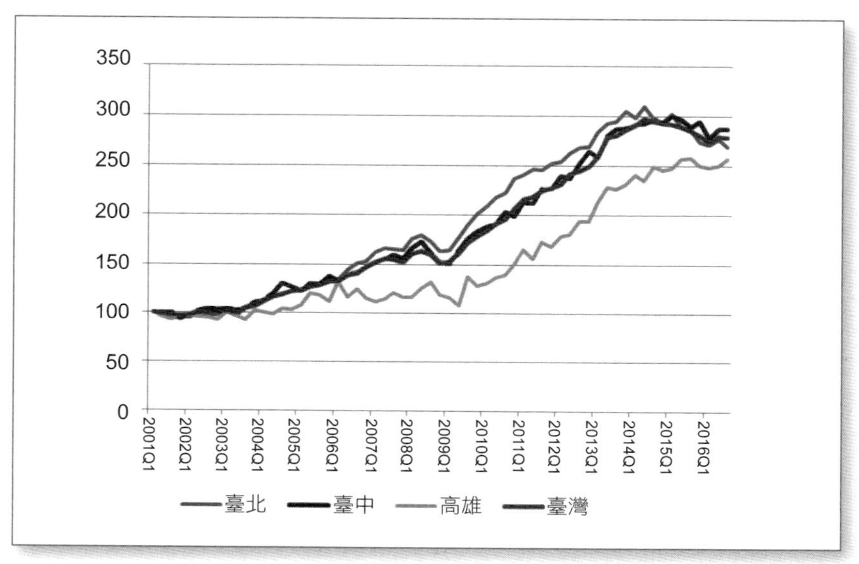

資料來源：信義房屋不動產企劃研究室，基期由二〇〇一年第一季至二〇一六年第三季。

項開支，讓自己的經濟狀況更加清楚，因此丁丁又製作了一張月收支表（類似損益表）。

表五把丁丁每個月的收支狀況作了一番整理。以丁丁每個月二萬八千元的收入，扣除勞、健保共八百八十三元，所得稅部分由於未達起扣點，可以先不扣繳[5]。加上一些福委會、團保費用等，丁

---

[5] 根據勞健保薪資級距，二萬八千元月薪的勞健保費分別為五百四十七元及四百零五元（民國一〇六年適用版本），所得稅部分因為未達起徵點（民國一〇四年度為七萬三千零一元）可以不用預扣。

表五　丁丁的月收支表

月收支表	金額
所得：	
•薪資：扣除勞、健保後之實拿	27,000
•利息、獎金、額外收入*	1,000
支出：	
•一般開銷：如吃喝、水電瓦斯、電話網路等等	8,000
•購物、交際支出等	3,000
•學貸償還	2,000
•行的支出：如機車保養、油錢、交通開銷等等	1,000
•房貸本息	9,000
結餘	5,000

註：*此處的利息、獎金、額外收入等項，保守假設每月僅一千元，事實上依工作性質，任何績效獎金、業績獎金、年終獎金等都可計入。

丁每個月估計可實拿二萬七千元，再加上每月平均一千元的額外收入（利息、獎金等）。扣除房貸本息九千元、生活開支（食衣住行娛樂）共約一萬四千元，每個月還可以有大約五千左右的剩餘可供儲蓄或投資之用。

一萬四千元的生活開支夠不夠用見人見智。如果是省錢一族，可能要開始考慮減少外食在家自己做、手機網路不用吃到飽、同時減少購物和社交的頻率。如果難以減少開支，恐怕得考慮晚上兼差增加收入。因為如果考量本書後面提到的個人對未來的投資、保險、退休需求，五千元的結餘可能所剩無幾，或是僅有最基本的保障。不過這個例子至少說明了一個重要的觀念：**若現金管理上控制得宜，適當的負債可以增加個人資產的價值。**

財務管理學裡有一個理論，一間公司可以經由適當的負債將公司價值極大化，意思是運用負債的效果，將原本要很久以後才會擁有的資產提前擁有，並且運用這些資產創造更高的價值[6]。這樣一來，負債就變成了一件創造價值的事，而不是只有增加負擔而已，這種狀況稱為「槓桿效果」。以臺灣為例，著名企業如台塑的負債比（總負債／總資產）為19.8%、台積電為15.4%、鴻海12.8%、統一超5.2%、遠東百貨31.7%。[7]企業經營在經營成本和資金運用的考量下，不大可能是零負債。槓桿這個名詞後來被廣為運用，在投資上，融資（也就是借錢）買股、融券（也就是借股票）賣股算是槓桿操作；買賣期貨或選擇權，花一點本金可以會賺到數倍的獲利，這種以小搏大的投資也被冠以槓桿操作；更別說拿房子抵押，拿銀行的錢來炒股更算是。但這時所謂的槓桿操作就多少都帶有投機的意味了。

負債的原因是因為增加資產，而負債本身的償還是可估算、且沒有急迫性的，更重要的是，買進來的資產具有增值潛力，那麼，這項負債就值得考慮了。從這個角度來看，欠卡債，不論是買衣、買鞋還是吃大餐（完全沒有增值潛力，反而有還款急迫性），都是相對不理智的舉動。至於買進學位文憑欠下的學貸，就得看看這個文憑是否具有附加價值，讓你在未來因為這個文憑而變得更好。否

[6] 即著名的M&M理論（Miller & Modigliani Model）。簡單來說，在稅負考量下，企業增加負債可節省稅負（因為債息是免稅的），企業的總資金成本（包括負債和股東權益）反而會下降，公司價值因而提升。

[7] 均為二〇一五年底的財務報表資料。

則如同前紐約市長彭博（Michael R. Bloomberg）所說的，不必勉強自己一定要擠進大學，背負助學貸款，不如及早投入技職生涯，當個收入不錯又沒學貸的水電工更好[8]。總而言之，**在能夠提高資產價值的情況下，當然可以有負債。**

＊‖債務清償？想得美！

號稱卡債族的救星——「消費者債務清理條例」已於民國一〇〇年上路，許多背負高額卡債的負債族將之視為解藥。

在過去，無法償還向金融機構的借款，無論是房貸、信用卡、現金卡債，通常都會面臨銀行或催繳機構永無止境的催繳，甚至偶有傳聞黑道介入的暴力事件，更慘的是被宣告破產，所有的努力化為烏有。「債務清理條例」實施後，對金融機構的債務，至少可以在法律的保護傘下，降低對生活的影響，有秩序的償還。在某些條件下，還可以減少償還的金額。

但，這是否意味著，可以用力去借錢，反正不會破產？！

用最簡單的邏輯去判斷就知道絕不可能，「債務清理條例」的目的可不是光為負債的人解套，同時也是為貸款可能會收不回來的銀行找一個盡可能收回的解決方法。因此，這個條例的存在只是為了在「收到錢」和「收不到錢」之間找到平衡點，換句話說，還的

---

[8] 引用彭博二〇一三年五月十七日每週廣播演說的內容。據當時美國勞工部的統計，二〇一一年全美水電工的平均年薪為四萬七千七百五十美元，最高可達八萬美元，最差也有三萬。

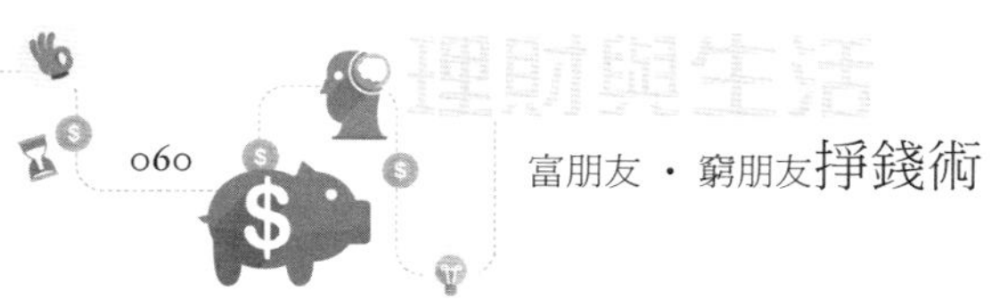

方法可能不同，但借錢終究得還。

「債務清理條例」是針對自然人（也就是一般人）對於金融機構因消費借貸、自用住宅借款、信用卡或現金卡契約而負擔之債務，發生無法償還時的處理。但並不包括私人間之借貸，或是設有擔保物權的消費借貸。

債務清理條例主要有二種模式，一個是「更生」，另一個是「清算」。若無擔保或無優先權之債務總額在一千二百萬元以內，當債務人與銀行協商失敗，在一定期間之內協商不成，債務人可經由律師判斷採用「更生」或「清算」二種模式中的一種：

「更生」是另一種「和銀行私下協商」的型式，只是這種協商是由法官主導，由法官來決定償還的額度。換句話說，只要條件夠好，有可能不需要償還所有的借款就算清償，例如只還當初借款金額的五成，這對債務人來說當然是天大的好事。但是，從未聽聞天下有白吃的午餐，如果沒有明確的還款計畫，不願表達還款的誠意（例如努力工作賺錢），基本上是不大可能會成立的。

聲請更生，需準備以下資料：

1.預計還款成數年期規劃書／法院申請狀。

2.生活支出明細／債務及債權人清冊。

3.近兩年國稅局所得清單／近兩年國稅局財產歸屬清單。

4.近兩個月的聯徵中心資料。

法官裁定債務人開始更生後，債務人必須提交更生方案給法院，並註明清償成數、三個月給付一次以上之分期清償分法。更生期間最長以六年為限；如有特殊情事經法院認可者，可延長到八年。只要債務人依更生條件清償完畢者，所有債權均視為消滅。

至於另一種模式「清算」則跟一般破產的差異不大。有一點好處在於基於鼓勵債務人持續工作重建社會生活的用意，當法院裁定開始清算程序後，到程序終止或終結前，債務人因繼承或無償取得之財產，才屬於清算財團所有之財產。簡單來說，不是自己賺來的就必須拿來還債，但在這個期間內個人賺取之薪水不會全部被銀行拿走，以免債務人生活受到影響。但是，生活將受限制，不得搭計程車、吃大餐、買名牌等；非經法院許可不得離開居住地，並得限制債務人出境。例如香港歌手鍾鎮濤便曾在九七年金融風暴投資失利，負債逾兩億港元，於二○○二年七月向法庭申請破產。

因此，卡債族既然想擺脫債務桎梏，就要有省吃儉用、克勤克儉的心理準備，過去那種刷卡說買就買的揮霍生活不得再出現，因為你是拿別人辛苦工作的血汗錢（銀行的錢主要來自存款人）去享受或投資，沒有道理叫你不還。

不論是更生或清算，債務人還是得按協商結果按期還款。如果有遲繳或停繳，不但原先所繳的錢可能不予計算，債務反而愈來愈多。還可能要加計原本利息及違約金跟滯納金，對解決債務根本就沒有幫助。

談到這裡，「理債」的重要性瞭解多少不言而喻。債務對大多數人的影響，不止是在金錢的借和還而已，「理債」在某些時候恐怕比投資還要重要。

貳 進入投資理財的世界

從賺錢到理財，怎麼進入你所陌生的世界

能「賺錢」，表示自己有工作謀生的能力，能養活自己和家人；能「省錢」，表示對自己及家人的生活有責任感，不會被慾望追著跑；能「滾錢」，表示對未來的財務目標有想法、有規劃，並且能堅持執行。如果能充分理解理財這三個層面的意義，精彩的人生就在前面不遠！

溫拿（winner）的理財思路

成功者在投資前作足功課，設定好投資目標，認清自己的資本和風險承受程度，面對市場漲跌的反應十分單純：達標出場，看好加碼，看錯停損。

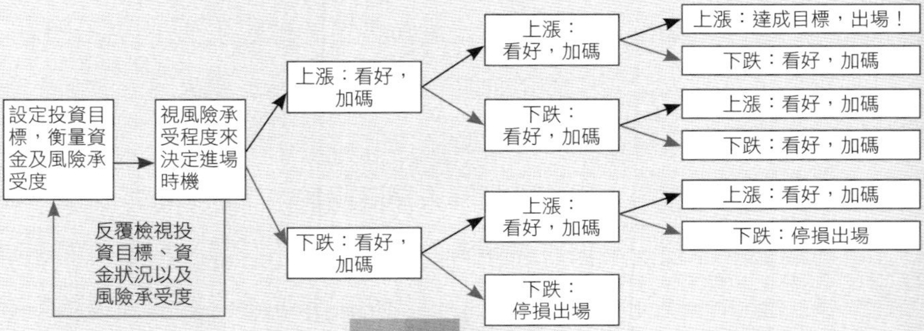

設定投資目標，衡量資金及風險承受度
視風險承受程度來決定進場時機
反覆檢視投資目標、資金狀況以及風險承受度
上漲：看好，加碼
上漲：看好，加碼
上漲：達成目標，出場！
下跌：看好，加碼
下跌：看好，加碼
上漲：看好，加碼
下跌：看好，加碼
下跌：看好，加碼
上漲：看好，加碼
上漲：看好，加碼
下跌：停損出場
下跌：停損出場

魯蛇（loser）的理財思路

失敗者往往依賴他人的訊息，以賺錢為投資的目標。往往認為自己是個穩健的投資人，但經常要看到價格已經大漲後才會安心進場。一旦面對市場漲跌的反應劇烈，上漲捨不得，下跌不甘心，為自己找出各式各樣的理由，只因心中期待有一天會賺錢。結局往往是滿手不賺錢的股票（基金……）

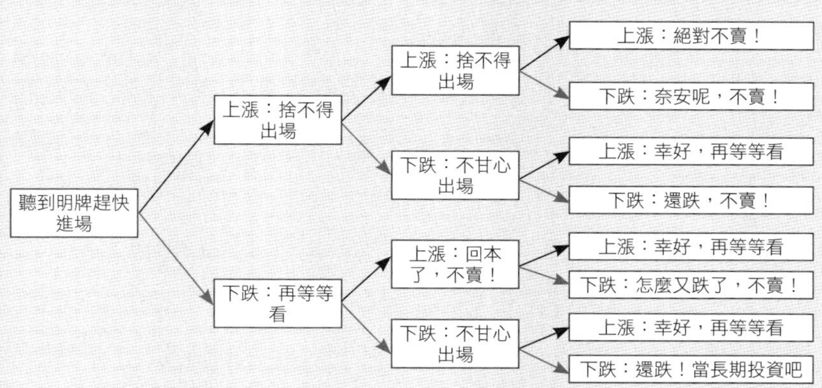

你是哪一種思路的人呢？

從本篇開始，才進入「理財」的領域。

「王品」集團前董事長戴勝益日前曾說：「月薪低於五萬元不要儲蓄，第一份工作假設月薪只有三萬的話，應該再打電話回家跟爸媽要二萬！」如果照字面來理解，在目前大學畢業生起薪平均每月才二萬六千多元新臺幣的情況下，大部分的大學畢業生好像都得回家伸手要錢了。

從資產累積的角度，在現在的金融環境下，以1%利率的平均水準，五萬元的本金得花七十年才能累積一倍到十萬，銀行存款的確不算是一種快速累積財富的有效方式。

我想戴董所言當然不是鼓勵大家去當「靠爸族」，他真正的意思應該是：「積極投資勝於消極儲蓄。」而投資除了投資在擴展自己的見識及人脈上之外，選擇正確的投資工具使自己的資產累積成長，讓自己提早通往財務自由之路當然也是最好的選擇之一。試想，年利率1%的儲蓄得花七十年才能翻倍，如果年報酬10%，七年就可以達成翻倍的效果，那七十年的時間，原有的資產能夠成長到幾倍呢？我想這是十分驚人的。

本篇會作投資理財的入門介紹。各位讀者可能要有一些心理準備，從現在開始，會介紹投資商品，會有一些專有名詞。我會儘量將這些名詞用易懂的語句文字來解釋，讓讀者在短時間內能夠一窺瞭解目前主要投資工具的全貌。在本篇的第六章，我們會介紹一些長期投資的觀念，是針對大部分非專業投資人把血汗錢拿出去投資時所應有的心理建設所寫。大多數的人雖然沒有時間像第四台老

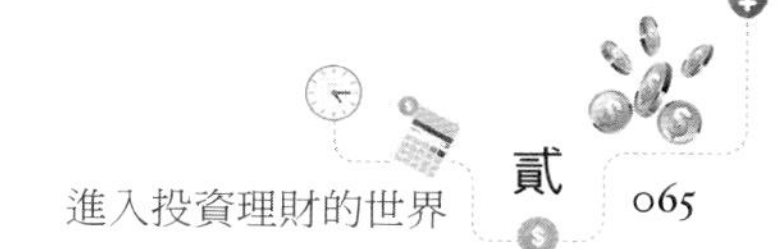

師、名嘴、投資達人般，每天花十幾個小時研究分析。但是透過對於投資工具的充分瞭解，做出適合自己的選擇，我想會是更重要的。第七章則是在第六章的觀念基礎上，作一些投資技巧上的介紹。沒有特別的絕學或秘技，只是從觀念出發的直覺反應，但是簡單又好用。

翻開下一頁，讓我們開始吧！

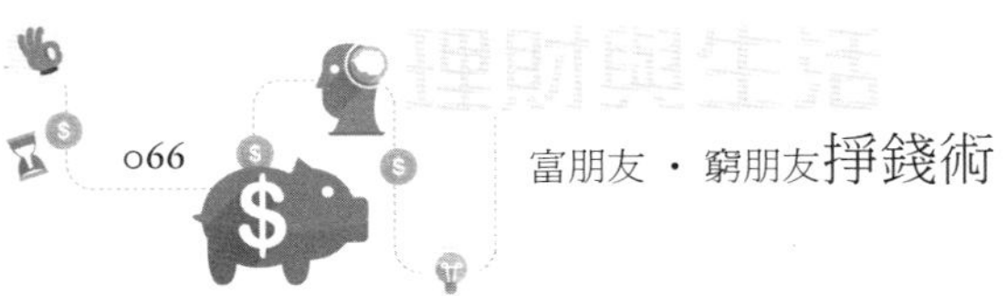

理財工具 I：股票、債券、基金、外匯，理財世界的敲門磚

本章開始介紹常見的投資理財工具，包括股票、債券、ETF、基金和外匯。對已經有過投資經驗的人來說，內容或許有些簡單，但我仍然嘗試用不同的觀點來解釋，把「投資」的色彩降低，強調「工具」本身的特色。而對投資理財仍在摸索階段的人來說，本章是你進入理財世界的敲門磚。

股票、債券、外匯、商品原物料是最原始的資產，彼此互不隸屬，性質也不相同，建構出現代金融投資的基礎。投資股票是當一間公司的所有人；投資債券則是當起公司、甚至國家的債權人；投資外匯是擁有其他國家的貨幣；投資商品原物料則是擁有實體資產，像是農產品、礦物、貴金屬等。

截至二〇一六年十月為止，光是在臺灣就有八百八十五家上市公司、七百三十一家上櫃公司、還有近三百家興櫃公司，可選擇的股票標的就超過千家。這還不包括債券、外匯和商品原物料。然而畢竟不是所有人都有足夠的時間和精力去分析、研究、選擇這些資產投資。因此，經由設計或專人代為投資的商品，其實更符合一般投資理財的需要，ETF和基金就是其中的代表。ETF是一種「被動投資」，只會被動獲得對應指數的報酬；基金則屬於「主動投資」，重視基金經理人的個人投資能力，若操作得當有機會獲得比指數還要好的報酬。

至於原物料商品的涵蓋範圍則較廣，包括農產品（小麥、黃豆、玉米、咖啡、水果、牲畜肉類等）、礦物（鐵礦砂、銅、鎳、鉛、鋅、鋁等）、能源（原油、煤、天然氣等）、以及貴金屬（黃金、白銀、白金、鈀金等）。種類繁多，礙於篇幅不一一介紹，僅對近年來較為熱門、投資管道也十分多元的黃金作介紹。

＊‖股票

在臺灣，恐怕沒有人不知道股票。股票長期以來被當作是投資工具，也是國人最熟悉的工具之一。「股票＝經濟」是許多人的思維，「股票好＝經濟好」更成為評論政府政策是否有效果的依據。

其實這樣的觀念並不完全正確，正確的觀念是經濟是影響股票價格高低的因素之一，但是股票的漲跌卻不單單只受到經濟因素的影響，還會受到投資人對政治、輿論、社會的心理反應及預期的影響，因此在投資股票時，首先就要能夠對這樣的一個觀念有正確的認識。

擁有自己的事業是創造財富的一種方式，那是創業，和本章要談的股票不大相同。這裡談的股票是指「投資」，是只拿錢出來買了一家公司的股票，占有該公司的一部分所有權，但自己不涉及經營管理的那一種。自己擁有的事業希望的是業務蒸蒸日上，因為賺的錢都歸自己；投資股票當然也希望公司賺錢，但最好反應在每天跳動的股票價格上，因為股票投資的獲利來源，大多來自於其他人隨後買進相同股票的資金，把股價推高，然後自己賣出賺到的價差[1]。除此之外，還有一部分是公司每年配發的股利股息，而這部分才與公司的獲利與否有關。

投資人投資股票的現金流量可以用下圖表示：

圖一　投資股票的現金流量

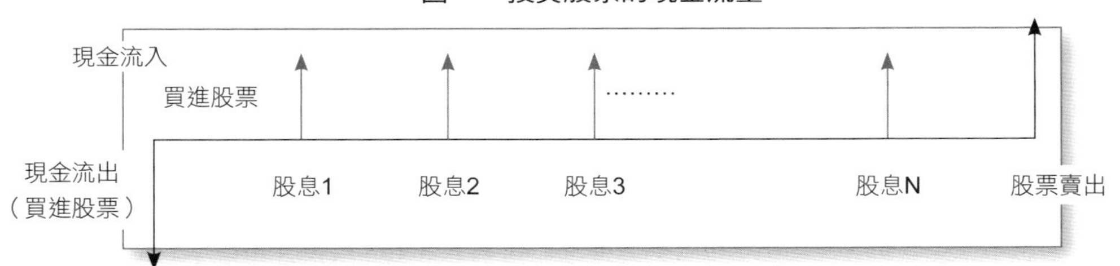

股票是將公司所有權作同等的分割，用憑證方式表示的產物。因此，只要買了股票，哪怕只是一股，你就是公司的所有人之一，這所有人有個專門的名稱，叫做「股東」。股東是沒有期限的，只要公司不倒，股票不賣，可以成為一輩子的股東。因為是公司的擁有者，股東有權利對公司的經營發表意見，這部分就像是自己拿錢

[1] 還有一種是放空賺價差，是觀念相反的獲利方式。在股價高的時候先借股票賣出，等到價格跌下來再以低價買回來還股票，中間的價差即是利潤。雖然方向不同，獲利的來源仍然是別人的資金，不是公司的實際營利。

開公司，或是合夥開燒肉店，每個出錢的人都有權表達公司經營的方向一樣。只有一點不同：除非你是公司的主要出資者，或是能控制公司相對多數的股權，否則只是眾多擁有者的其中之一而已。因此在現實上，大多數的股東對公司經營的方向和決策不大能夠參與，他們所關心的，是股票價格的高低，因為直接反應了個人財富的增減。

現行臺灣公開發行的股票，面值（par value）一律規定為新臺幣十元，因此一億元資本的公司，可以發行一千萬股。台積電民國一〇五年第三季的財務報表上載明，普通股發行股數為二百五十九億三千零三十八萬股，推算出台積電當時的普通股資本額為二千五百九十三億元左右[2]。臺灣股市在集中市場的交易是以一千股為一單位，俗稱「一張」，買進一張台積電就等於買進一千股台積電的股票，你也就擁有了二千五百九十三萬零三百八十分之一（1/25,930,380）的台積電所有權。台積電無論賺到多少錢，你都享有二千五百九十三萬零三百八十分之一；如果董事會決定拿出一百億元來分給股東，你也能拿到其中的二千五百九十三萬零三百八十分之一，大約是三百八十六元。

股票之所以成為重要的投資工具，在於它反應了企業的價值，並且具有高流通性。企業價值的意思是，在股票交易所交易的股票就代表該企業，股票價格反應的是該企業的經營能力、產業前景、

[2]見台積電民國一〇五年九月三十日公告之財務報表。

獲利高低，以及未來的成長。因此只要一家企業前景看好，或是營收獲利成長，股票就容易受到投資人的追捧，價格就會水漲船高，企業的「價值」也就提高了。對於企業而言，不止是股價增加而已，企業若要找錢再投資，無論是向銀行貸款、發行公司債券借錢、還是發行新股伸手向股東要錢。高的企業價值都會讓找錢（專業上稱為「融資」）的工作變得容易的多，成本也比較低。例如二〇一三年三月底台積電發行十一・五億美元、五年期的公司債，利率僅1.625%；韓國三星電子二〇一二年四月也曾發行五年期美元公司債，利率只有1.80%，甚至比韓國國營企業發債的成本都還要低[3]。簡單來說，高股價也象徵著公司的高獲利能力，因此大家會更樂意把錢借給高股價公司，進而使高股價公司借錢的成本降低。

股票依證券交易法，可以分為上市股票、上櫃股票和興櫃股票。分述如下：

◎上市股票

上市股票是指已公開發行，符合一定條件下，在集中市場掛牌交易的股票。所謂「集中市場掛牌交易」是指，一檔股票所有的買賣都集中在一個交易所完成，同一時間只會有一個成交價格，這是達到成交效率和避免價格紊亂的機制。臺灣目前的上市股票交易僅能在臺灣證券交易所完成。

[3] 當時韓國國營的發展銀行（KDB）發行同為五年期的美元公司債，利率高達3.11%，顯示當時市場上認為三星電子的還款能力和信用程度比韓國政府還好。

◎上櫃股票

上櫃股票則是指已公開發行，符合一定條件下，在店頭市場買賣的股票。「店頭市場」是指，買賣交易是靠人為撮合的市場，由買方自行尋找賣方商定成交價，這種型式比較會出現同一股票在同一時間有不同的成交價格。但由於電子交易盛行，實際上店頭市場目前大都改採電子撮合的方式，價格差異幾乎不存在，和集中市場差異不大。值得一提的是，上櫃股票的條件限制比上市股票來得寬鬆，這是希望儘量讓有資金需求的企業有一個管道籌資。例如，在臺灣公司申請上市須要設立至少三年，資本額需要六億元以上；而申請上櫃只要二年[4]，資本額也只要五千萬。

◎興櫃股票

興櫃股票則是指已經申報，正在接受證券商輔導上市或上櫃的公司股票。興櫃股票沒有集中市場，必須在券商處議價買賣。興櫃股票不一定保證將來會上市或上櫃，得視其條件是否符合而定。

＊‖債券

對企業而言，債券是絕不可少的一個融資管道。企業要籌得營運或投資所需的資金，除了用發行股票的方式向股東拿錢，或向銀行貸款之外，最重要的就是發行債券。雖然同樣是借錢，但不同於向銀行借錢，發行債券借錢的對象多半是專業投資機構。

---

[4]這裡指的是會計年度。

在東方國家傳統的觀念上，借錢往往是一種不得不為的舉動，伸手向人借錢經常代表自己無能為力。記得小時候長輩常告誡我們不要隨便跟別人借錢，老一輩的觀念中連買賣房屋都是現金交易。但在現代企業的經營上，借錢往往代表一種經營能力的展現，意味著借錢的一方看好你的經營及還款能力才會借錢給你。

對一般投資人來說，不論投資股票或債券都是為了獲利，但這二種投資模式基本上是不大相同的。最大的差異是投資股票是成為公司的所有人（股東），但投資債券卻是公司的債權人。股東是擁有公司的人，在沒有賣掉持股前，股東都擁有公司；但債權人把錢借給公司運作卻有期限，期限未到時公司須支付利息，到期時得償還本金。二者的角色其實是對立的。同時，債券投資人有優先清償的權利，也就是公司必須先把賺到的錢拿出來付債券利息，甚至在債券到期時先償還本金，剩下的盈餘才能由股東分享。但因為資本市場的運作，對大多數投資人而言，投資股票和債券都屬於投資的一部分。

投資人投資債券的現金流量可以用下圖表示：

圖二　投資債券的現金流量

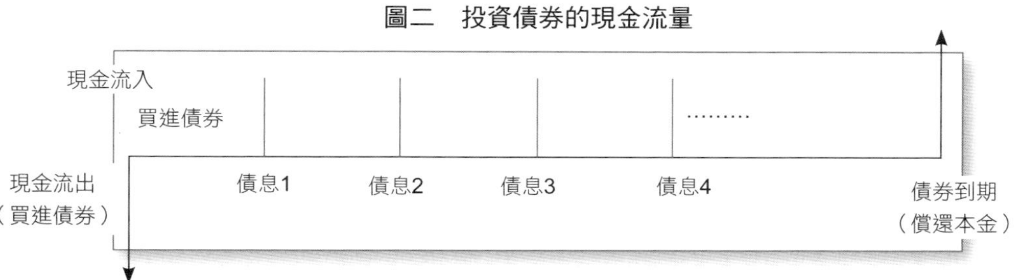

前面談的債券多半是指公司債或企業債，是以公司或企業為主體發行的債券。然而並不是只有企業才能發行債券。國家、地方政府、金融機構都可以發債來籌錢，目的也不盡相同。中央政府發債是為了彌補中央收入不足預算的部分、地方政府有時是為了地方建設所需、金融機構（如銀行）則是為了本身資金收付的需要。除此之外，債券本身的性質也有多種方式分類。下面是一些簡單的介紹：

1.依付息方式：有不付息，用本金折價方式出售的**零息債券**（或稱貼息債券）；定期付息的**附息債券**；每期利息固定的**固定利率債券**；利息不固定的**浮動利率債券**。

2.依償還期限：因應短期需要（通常為一年內）的**短期債券**；一年以上，十年以下的**中期債券**；以及十年以上長期資金需求（如大型公共建設或投資計劃）的**長期債券**。

3.依擔保性質：債券在發行時提供動產（如廠房設備）或不動產（如房屋）作擔保的抵押債券；或以其他有價證券（股票、定存單、其他債券等）作為擔保的質押債券；還有一種以保證人作擔保的保證債券；當然也有完全沒有任何擔保的無擔保債券。有擔保的目的主要是取信於投資人，有一定程度的償還能力，在債券利息上也會較無擔保債券低一些。

4.依轉換能力：大部分債券僅止於利息和本金之間的收付，投資債券就是拿一筆錢買進，此後按期收息，到期時收回本金。過去十年來可轉換債券的風行改變了此種型態，這種債

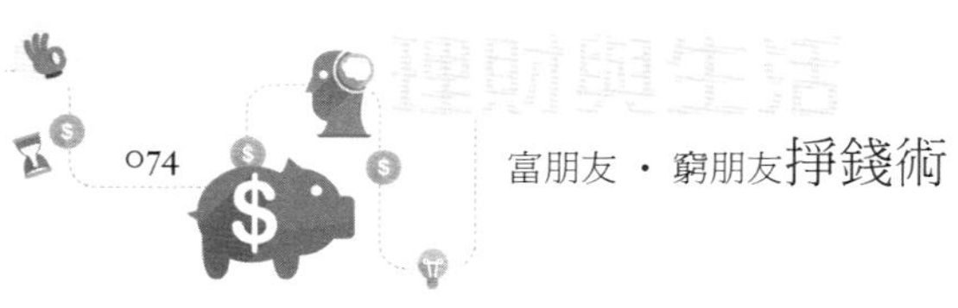

券的發行通常伴隨著一定條件下可以將債券轉換為股票的權利。這種債券名為債，其實本質上為一種權益及債權相結合的複合型投資工具。一旦條件成立，債券所有人的身分就從債權人轉變為股東。通常投資可轉換債券也著眼於該公司未來股價上漲的潛力，如果轉換成功，股價上漲的潛在收益往往遠大於債券本身，企業往往可以用較低的利率發行可轉換債券，投資人接受較低的利息，放眼於未來的股價利益。

債券投資的專業性一點都不亞於股票，甚至比股票還複雜。除了發行者本身的基本財務狀況外，發行期間、利率水準、未來利率走勢、發行者信用評級等，都是重要考量，一般投資人往往缺乏對應的資訊衡量。此外，債券發行往往是特定資金的需求（尤其是公司債和金融債），站在發行者的立場，購買債券的投資人多半是專業投資人（例如機構法人、債券基金等），專業程度較高，資金較為雄厚，大額交易節省成本，也不大會出現流動性的問題。因此債券市場通常都是專業機構間交易，並沒有如股票有公開的集中交易所隨時報價買賣，少部分如可轉換債券會有集中交易所價格，但流動性並不穩定。一般投資人大多採取買賣債券型基金，由基金投資不同類型的債券來投資，也能夠分散投資單一債券的風險。

＊‖外匯

除了股票和債券之外，外匯也是常見的投資工具。所謂外匯，簡單來講就是外國貨幣，像是美元、歐元、英鎊、日圓、人民幣都是外幣，投資外匯就是買賣外幣。但要注意人民幣的性質與其他外幣相比之下，性質較為特殊。

在臺灣，我們使用的是新臺幣，除了用來消費買東西之外，剩餘的新臺幣通常會放在銀行生利息。以臺灣銀行二〇一六年十二月的報價，新臺幣一年期定存利率為1.035%，一萬元的新臺幣定存，每年可以有一百零四元左右的利息。和過去動輒6%至8%的利率水準相比，目前用存款其實很難有效累積資產。但是，如果經由投資外幣，則有可能獲得比較高的利息，如果該外幣的匯率處於升值，則除了利息之外，還可能賺到匯率差價。

下面我們用比較詳細的方法來說明：

如果只有新臺幣定存，你所要考慮的大概只有定存期間要多長，以及利率高低即可。因為新臺幣是本國貨幣，沒有匯率的問題。不過如果投資外幣，則除了期間、利率之外，還得多考慮一項匯率。所謂匯率，就是兩國貨幣的兌換比率，也就是貨幣的價格。只要上任何一家銀行的網站，都可以找到銀行的新臺幣兌換各種外幣的報價。我們以臺灣銀行二〇一六年十二月二十一日的收盤報價資料為例（如**圖三**）。

當天銀行買進美金的現金匯率是三十一・六六五，表示你拿一美元去臺灣銀行，銀行會給你臺幣三十一・六六五元；同理可推英鎊（GBP）的現金買進匯率是三十八・五元，歐元（EUR）是三十二・六一元。同一天銀行賣出美金的現金匯率是三十二・一九七元，表示你得拿臺幣的三十二・一九七元才能向臺灣銀行買

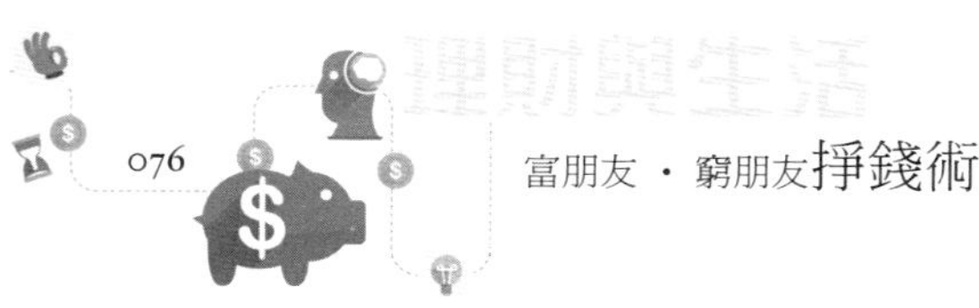

圖三　臺灣銀行新臺幣兌換外幣之匯率報價

牌價最新掛牌時間：2016/12/21 16:01

幣別	現金匯率		即期匯率		遠期匯率	歷史匯率
	本行買入	本行賣出	本行買入	本行賣出		
美金 (USD)	31.655	32.197	31.955	32.055	查詢	查詢
港幣 (HKD)	3.973	4.168	4.093	4.153	查詢	查詢
英鎊 (GBP)	38.5	40.43	39.37	39.79	查詢	查詢
澳幣 (AUD)	22.9	23.56	23.09	23.32	查詢	查詢
加拿大幣 (CAD)	23.57	24.31	23.84	24.06	查詢	查詢
新加坡幣 (SGD)	21.65	22.43	22.07	22.25	查詢	查詢
瑞士法郎 (CHF)	30.46	31.52	30.99	31.28	查詢	查詢
日圓 (JPY)	0.2637	0.2747	0.2701	0.2741	查詢	查詢
南非幣 (ZAR)	-	-	2.25	2.33	查詢	查詢
瑞典幣 (SEK)	3.04	3.55	3.38	3.48	查詢	查詢
紐元 (NZD)	21.83	22.46	22.07	22.27	查詢	查詢
泰幣 (THB)	0.7852	0.9282	0.8737	0.9137	查詢	查詢
菲國比索 (PHP)	0.5916	0.7246	-	-	查詢	查詢
印尼幣 (IDR)	0.00208	0.00278	-	-	查詢	查詢
歐元 (EUR)	32.61	33.76	33.11	33.51	查詢	查詢
韓元 (KRW)	0.02508	0.02898	-	-	查詢	查詢
越南盾 (VND)	0.00103	0.00153	-	-	查詢	查詢

資料來源：臺灣銀行網站。http://rate.bot.com.tw/xrt?Lang=zh-TW。

一元美金；同理可推英鎊的現金賣出匯率是四十・四三元，歐元是三十三・七六。

為什麼銀行的買進價格和賣出價格會不同？原因很簡單，因為銀行要賺錢！同樣是一美元，銀行賣給你可拿三十二・一九七元臺幣，但跟你買卻只需支付三十一・六六五元臺幣，中間的〇・五三二元（32.197－31.665）就被銀行賺走了。同樣的，銀行買賣一英鎊現金可賺一・九三元（40.43－38.5），買賣一單位歐元現金可賺一・一五元（33.76－32.61）。買進價格和賣出價格之間的差異通稱為價差（spread），價差是銀行相當重要的獲利來源之一。銀行是開門作生意的，既然提供了兌換外幣的服務，當然要從中獲得報償。

外幣投資最簡單的方法是**外幣定存**，只要另外開一個外幣帳戶就好了，依據的是「即期匯率」（見**圖三**）。對銀行而言，外幣存款只是帳戶的移轉，銀行不需要為外幣存款準備現鈔，因此價格比現金要好一些。以美金為例，如果要作一萬美元的存款，臺灣銀行會從臺幣戶頭扣三十二・〇五五萬元，可是買美元現鈔卻要臺幣現金三十二・一九七萬元。外幣存款是臺灣頗為重要的投資管道，根據中央銀行二〇一六年七月的資料，國內整體銀行的外匯存款，折合新臺幣高達五兆！

外幣定存的另一個考慮因素是利率。各國國情並不相同，利率水準也各異，我們同樣以臺灣銀行二〇一六年十二月二十一日的開盤報價資料為例，見**圖四**：

圖四　臺灣銀行外幣存款報價

掛牌時間：2016/12/21　實施日期：2016/12/19

幣別	活期 (年息%)	定期存款 (年息%)							
		7天	14天	21天	1個月	3個月	6個月	9個月	1年
美金 (USD)	0.13	0.35	0.35	0.35	0.4	0.6	0.75	0.9	1.05
美金 (USD) 大額	-	0.35	0.35	0.35	0.42	0.62	0.77	0.92	1.07
港幣 (HKD)	0.01	0.02	0.02	0.02	0.05	0.1	0.15	0.2	0.3
英鎊 (GBP)	0.05	0.05	0.05	0.05	0.1	0.15	0.2	0.2	0.2
澳幣 (AUD)	0.2	0.75	0.8	0.9	1.2	1.3	1.4	1.45	1.5
加拿大幣 (CAD)	0.05	0.15	0.15	0.15	0.3	0.4	0.5	0.55	0.6
新加坡幣 (SGD)	0.05	0.1	0.1	0.1	0.1	0.15	0.2	0.3	0.3
瑞士法郎 (CHF)	0.001	0.001	0.001	0.001	0.001	0.001	0.001	0.001	0.001
日圓 (JPY)	0.001	0.001	0.001	0.001	0.001	0.001	0.001	0.001	0.002
南非幣 (ZAR)	1.1	2.8	2.8	2.8	4.8	4.8	4.5	4.5	4.5
瑞典幣 (SEK)	0.001	0.001	0.001	0.001	0.001	0.001	0.001	0.001	0.001
紐元 (NZD)	0.35	0.65	0.65	0.65	1.45	1.5	1.5	1.6	1.65
歐元 (EUR)	0.001	0.001	0.001	0.001	0.001	0.001	0.001	0.001	0.002
人民幣 (CNY)	0.35	0.65	0.65	0.65	1.25	1.4	1.65	1.65	1.75

資料來源：臺灣銀行網站。http://rate.bot.com.tw/ir?Lang=zh-TW。

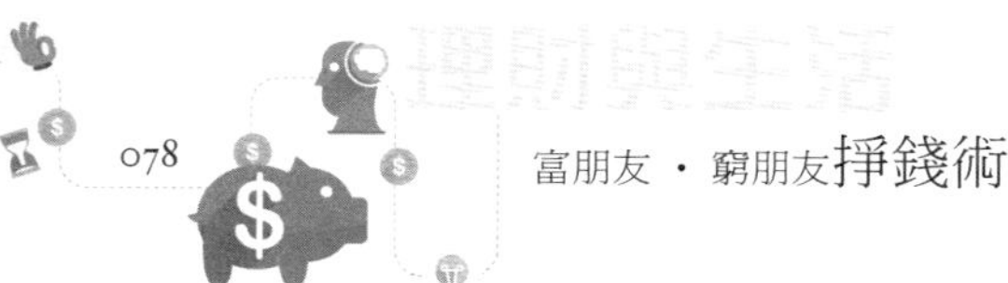

直覺上，投資外幣定存最好選擇利率比臺幣利率高的貨幣，這樣才有比較高的利息所得。如**圖四**中的澳幣（AUD）一年期利率1.50%、南非幣（ZAR）一年期利率4.50%都比臺幣高。既然澳幣和南非幣的利率比較高，是否代表操作這二種貨幣的定存就穩賺不賠呢？答案顯然不是。前面說過，**外幣投資獲利的二個管道：一是利率，二是匯率。**選擇了較高利率的貨幣，固然能夠得到較高的利息，但請注意，到期時銀行支付的利息仍然是外幣。如果這段期間新臺幣變得比較值錢，持有外幣相對變得不值錢，此時持有外幣反而可能變得划不來。

我們舉一例子說明：假設有一個名為郭太銘的人在認真的學到了外幣存款的方式後，立刻在銀行開立了外幣存款帳戶，同時也開立新臺幣活期存款戶。並在二〇一五年十二月三十一日拿了臺幣五萬元，做了一筆三個月期的南非幣定期存款，當時三個月期南非幣的利率為4.8%，匯率是每一南非幣兌換二・三三元臺幣，因此五萬臺幣可以換二萬一千四百五十九元南非幣[5]。郭太銘認為，新臺幣兌南非幣在三個月內不太可能出現大幅波動，而4.8%的利率確實比臺幣存款高很多。

到了三個月後，也就是二〇一六年三月三十一日定存到期時，二萬一千四百五十九元南非幣加計利息總共會有二萬一千七百一十七元[6]。然而，三月三十一日的臺幣兌南非的參考報

[5] 50,000÷2.33=21,459.23≒21,459。

[6] 21,459×（1+4.8%÷4）=21,716.5≒21,717。

價是二・二〇，表示一單位南非幣僅能兌換二・二元臺幣，臺幣變得比較值錢了。如果當天郭太銘將二萬一千七百一十七元的南非幣全數兌換回臺幣，將只能拿回四萬七千七百九十九元[7]，竟然比當初的五萬元本金還低，短少了二千二百零一元！如果當初不存南非幣而存臺幣，三個月連本帶利還可拿回五萬一百元[8]！

怎麼會這樣？明明選了一個利率較高的貨幣，為什麼到頭來不賺反賠？關鍵就在於「匯率」。這三個月間一元南非幣所能兌換的臺幣，從二・三三元減到二・二元，換句話說南非幣變得比較不值錢，臺幣變得「值錢」了。因此持有南非幣變得比較不划算，出現了「匯損」。雖然利率比較高，但若利息無法抵消匯損，本金還是會受到損失。

外匯的投資工具除了外幣定存之外，還有另一個比較常見的方式，是投資**外幣組合式商品**，或稱為**外幣結構式商品**、**雙元貨幣商品**等。投資人投資雙元貨幣時，要先選擇兩種外幣：一種是「基準貨幣」，另一種則是「相對貨幣」。承作基準貨幣定存的同時，另外再承作相對貨幣的選擇權，選擇權的內容有點複雜，留待下一章討論。

這類複合式商品的設計目的，是希望在獲得基準貨幣的利息之外，還希望能以小搏大，賺到兩種外幣之間的匯差。例如在歐元走

---

[7] 21,717×2.2≒47,799。

[8] 臺灣銀行二〇一五年十二月三十一日三個月期定期存款利率為0.8%，計算下來為：50,000×（1＋0.8%÷4）≒50,100。

弱的趨勢下，以美元為「基準貨幣」，另外再選一個強勢貨幣，例如歐元或人民幣做「相對貨幣」。在一定時間內（通常只有數十天至六個月），若兩種貨幣的換匯價格在某個價位區內時，投資人可拿回一定的獲利率及強勢貨幣。但若匯價跌破某個標準，投資人的本金有可能會被轉成「弱勢貨幣」，投資報酬率也會比較差。這種商品有點在「賭」未來一段時間兩種外幣的匯率走勢，同時依據承作選擇權的不同分為「保本」和「不保本」兩種。「保本」是指持有至到期才會保本，提前解約將不在保本範圍內。

外幣組合式商品 ＝ 基準外幣定存 ＋ 相對貨幣選擇權

外幣組合式商品在微利時代十分受到歡迎。因為定存的利率太低了，一般外幣存款年利率只有2%左右，雙元貨幣提供的利率有時可達4%到5%，甚至更高。額外承擔一些風險，可能會有更好的報酬率，相當受到投資人歡迎。只是有時外匯市場的波動相當劇烈，稍有不慎可能在短時間內就會產生極大的損失，對於資本不大的投資人而言，會產生不小的影響。因此目前金管會規定，此類商品的「保本率」至少70%，投資門檻至少二萬美元，希望避免小額投資人有血本無歸的情況發生；另外，此類商品不受存款保險的保障，投資時應審慎瞭解相關的投資風險。

＊‖貴金屬（黃金）

黃金在最近十年來成為極為熱門的投資商品。除了黃金價格呈現長期多頭走勢之外，投資工具的普及也推波助瀾。現在一般人只要在銀行開戶即可買賣黃金，在券商開戶也可買賣黃金，無需親自跑銀樓搬金條金塊了。

黃金歷史上為西方的財富象徵，貨幣出現之後成為交易和發行標準。所謂「金本位制」，是指在一八二一年，英國以黃金為基礎發行其貨幣，後來西方各國紛紛仿效，除了少數亞洲國家如中國、印度之外，全世界幾乎都以黃金為國家法定貨幣的發行準備。黃金成為發行貨幣的最終信心來源，國際間的貿易結算也是用黃金作為基礎。在當時，一個國家的黃金準備愈多，愈能發行較多的貨幣，黃金的多寡成為國力強弱的象徵。後來因為歷史的因素，黃金逐漸失去貨幣的地位，時至今日，黃金主要用來作為各國發行貨幣的準備基礎，或用以收藏、展示及投資[9]。

黃金近年再度成為投資的熱門商品，主要是因為美元的貶值。國際間黃金的交易是以美元為報價單位，而美元報價自二〇〇一年以來進入長期貶值的趨勢。美元貶值的原因包括：(1)美國經濟弱化；(2)歐元的出現；(3)新興國家崛起；(4)商品原物料價格上漲，通貨膨脹驅使。另外，投資工具的興起也是一個主要的原因。不過，二〇一五年底美國開始升息，美元逐步回到強勢的地位，黃金價格反轉下跌，吸引力已大不如前。

黃金價格在二〇〇〇年底自每盎司[10]二百七十二美元左右起

---

[9]有關黃金的簡史，請參考我的另一本書《迫切的擴張》第三章（葉子出版）。

[10]盎司（ounce, oz），英制重量單位。每一盎司黃金為三十一・一〇三五公克。

漲，到了二〇一二年底每盎司高達一千六百七十五美元，並曾於二〇一一年九月五日超過一千九百美元，漲幅將近六倍！金融市場一度還有「美元已死」的說法。

黃金與景氣連動，長期被當作是保值的工具，尤其在低利率、高通膨時代特別突出。這是全世界的普遍現象，也造就了黃金投資地位。不過，二〇一三年至今，黃金的價格出現鬆動，理由是美國經濟出現好轉，美元匯率上漲，美債殖利率上升，投資人開始有信心持有美元，以美元計價的黃金吸引力開始下降。黃金價格在二〇一三年四月跌破每盎司一千五百美元關卡，六月跌破了一千三百美元。到了二〇一五年十二月十七日跌到這個波段的新低點一千零五十二美元，目前（二〇一七年二月）大約在一千二百四十美元左右。如果在二〇一一年九月用一千九百美元買進一盎司的黃金，到現在大約賠了40%。儘管如此，還是有投資人對黃金情有獨鍾，在金價下跌的過程中，代表中國散戶的「中國大媽」大力買進黃金，全世界最大的黃金消費國印度更不手軟，占了全世界三分之一的黃金消費量，更曾經因為進口黃金造成高額貿易逆差，迫使印度政府計劃限制黃金進口。

現在投資人要買賣黃金比起過去要便利許多。除了還是可以去銀樓買賣實體黃金，包括金飾、金幣、金條、金塊之外，也能夠經由銀行或證券帳戶的交易進行虛擬黃金買賣。值得注意的是，這裡所稱「虛擬黃金」也就是「黃金存摺」，交易實際上仍是黃金交易，有實體黃金存在，並不是憑空想像。只是在買賣上收付的是帳戶金額，不需要實際搬運黃金，大大減少了交易的困難和不便，也可以經由網路交易。不過，只要投資人需要，帳面上的黃金仍可兌換為實體黃金。

目前臺灣大部分的公民營銀行都有開辦黃金存摺業務。只要在活期存款帳戶之外另開一個黃金帳戶，就可以跟銀行買賣黃金。銀行每天於營業時間內都會有黃金存摺的報價，部分銀行還提供美元計價，讓外幣帳戶也可投資。買賣的黃金記錄在個人黃金存摺內，由銀行集中保管，不需要每次交易拿實質黃金。根據臺灣銀行的資料，金價愈跌，黃金存摺開戶數愈多，至二〇一六年十二月底已超過二百萬戶。

圖五為臺灣銀行臺幣黃金存摺二〇一六年十二月二十一日盤中的牌價（以公克計算）：

圖五　臺灣銀行新臺幣黃金存摺

掛牌時間：2016/12/21 17:38

品名/規格		單位：新臺幣元 1公克
黃金存摺	本行賣出	1,175
	本行買進	1,158

資料來源：臺灣銀行網站。http://rate.bot.com.tw/gold?Lang=zh-TW。

◎黃金ETF

ETF為一種典型的被動式投資商品，近二十年來在全世界快速風行（下面會有專文介紹）。本段僅就黃金ETF進行說明，黃金ETF是追蹤黃金價格波動的投資商品。目前投資人要交易黃金

ETF，只要開設證券交易帳戶即可，買賣方式和股票相同，看好黃金走升則買進，看跌則賣出。目前全球最大的黃金ETF為SPDR Gold Trust，代號GLD，二〇〇四年十一月成立。（見**圖六**）至二〇一六年十一月底為止，其市值約為三百三十億美元，換算成黃金約有八百二十五公噸，比世界多數國家的黃金準備還要高。

圖六　SPDR Gold Trust（GLD）成立以來的走勢圖

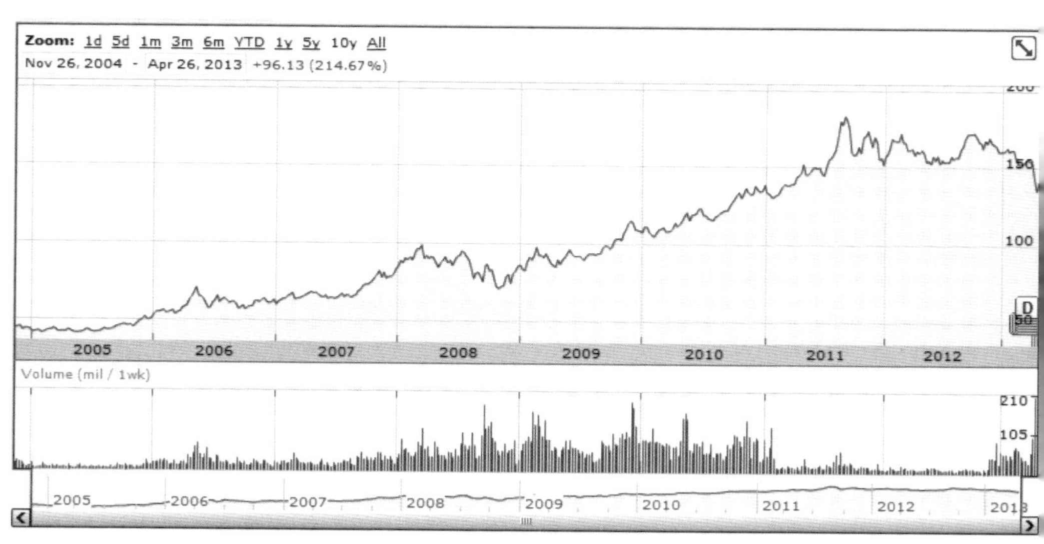

資料來源：finance.google.com。

臺灣的元大投信二〇一五年四月發行了一檔以新臺幣計價的黃金期貨信託基金，代號0635U，至二〇一六年十一月底的規模約十六億。投資人也可以用臺幣買賣以黃金作為標的的有價證券了。

＊‖ETF

ETF（ Exchange Traded Fund）又稱為「**指數股票型基金**」。一九九三年美國出現第一檔以標準普爾500（S&P 500）股價指數為標的的ETF，SPDR S&P 500（代號SPY）後，全世界各交易所快速發展這種簡單好用、流通性高的投資工具。（見**表一**）至二〇一六年十一月底為止，不過二十多年的時間，全球各式ETF的總規模已達到三・二兆美元。臺灣第一檔ETF是臺灣五十（代號0050），以臺灣五十家大型公司的「一籃子」股票為投資標的，於二〇〇三年六月成立，至二〇一六年十一月規模約為新臺幣四百三十億元。

表一　前十大市值最高的ETF

代號	名稱	規模（百萬美元）	類型
SPY	SPDR S&P 500 ETF	$212,014	美國S&P 500股價指數
IVV	iShares Core S&P 500 ETF	$91,682	美國S&P核心股價指數
VTI	Vanguard Total Stock Market ETF	$70,135	全球股票指數
EFA	iShares MSCI EAFE ETF	$58,949	MSCI歐澳遠東股票指數
VOO	Vanguard S&P 500 ETF	$57,349	美國S&P 500股價指數
VWO	Vanguard FTSE Emerging Markets ETF	$43,297	新興市場股價指數
QQQ	PowerShares QQQ ETF	$42,452	NASDAQ股價指數
AGG	iShares Core U.S. Aggregate Bond ETF	$41,241	美國複合債券指數
VEA	Vanguard FTSE Developed Markets ETF	$39,677	已開發市場股價指數
IWM	iShares Russell 2000 ETF	$37,983	羅素2000中小型股價指數

資料來源：http://etfdb.com/compare/market-cap/ 2016/12/22。

ETF 是一種在集中交易所上交易，以特定股價指數作為追蹤對象的基金商品，報酬和指數表現相當貼近，這種特色的投資稱為「**被動式投資**」。投資人只要選擇想投資的資產類型，買進該型的ETF，幾乎可以保證會獲得和指數相近的報酬或損失。比如說想要投資美國大型股可以選擇標準普爾五百指數（S&P 500）的ETF，不用特別關心不同發行機構的差異。只要同樣以S&P 500為標的指數，不同機構發行的ETF其報酬的差異性極為有限。

買賣ETF的方式就像買賣股票一樣容易，並且一次就交易一籃子股票，避免買賣單一股票所可能面臨的個別公司風險。對於許多對股票不熟悉，卻又想進行投資的人而言簡直像天上掉下來的禮物。

ETF開始盛行的前十年間，絕大多數還只是追蹤各種不同的股價指數。二〇〇〇年以後，包括黃金、金屬、農產品、債券、外匯、不動產等各式ETF開始大量出現，過去投資人難以接近的投資管道如今都能在交易所進行買賣投資，方式如買賣股票一樣容易。例如目前全球最大以黃金現貨價格為標的之ETF——SPDR Gold Trust（代號GLD），自二〇〇四年成立以來遇上黃金價格大漲，從一股四十五美元一直上漲到最高一百八十三美元（二〇一一年九月）。由於買賣黃金變得簡單，買進一股GLD相當於擁有十分之一盎司（oz）的黃金，無需實際持有實體金條金塊，加上金融海嘯後各國政府強力印鈔票救市，貨幣價值縮水更凸顯了黃金的保值特性。GLD受到投資人的青睞，規模也水漲船高，最高一度超過

七百五十億美元，相當於一千三百公噸的黃金準備。這個數字在全世界各國中央銀行的黃金準備排名上可名列前五位，真可說是富可敵國。

從投資的便利性來看，ETF的確創造了一個快速直接的投資方式，讓許多對投資卻步、或是沒有太多時間研究投資的人，有了一個快速進入市場的機會，同時無須承擔個別股票的風險。例如投資臺灣品牌之光之一的台積電（2330），多少要瞭解一下公司的營運狀況、晶圓製程銷售、競爭對手的產品等等，這對許多非專業投資人而言的確是一種負擔，而且還有可能遭受公司銷售不佳、專利訴訟、技術開發遇到瓶頸等個別公司風險。不過，如果投資一張臺灣五十（一千股），就等於擁有了三十一股的中華電信、一百八十八股的台積電、七十九股的鴻海、四十六股的台塑、二十九股的聯發科、十八股的中信金控，以及其他臺灣的大型企業[11]。台積電個別公司的漲跌風險，被其他四十九家公司的表現稀釋了，投資風險因而大幅降低。投資人幾乎只需關心臺灣經濟狀況、全球景氣、央行貨幣政策等比較全面的因素來決定是否要投資就可以。

況且，近年來全世界ETF市場相當熱絡，投資人在瞭解ETF的好處後紛紛投入。因此，發行商也推出各式各樣ETF在交易所掛牌交易，像是產業型、區域型、單一國家股票、金屬、農產品、債

[11] 以二〇一六年十二月二十二日臺灣證券交易所公告資料。中華電信占台灣五十指數的3.1%、台積電占18.8%、鴻海占7.9%、台塑占4.6%、聯發科占2.9%、中信金控占1.8%。

券、外幣、不動產等，甚至放空、槓桿操作這些標的，在下跌時也能獲利的ETF也陸續出現。雖然名稱不一，但對投資人而言，擴大投資選項能夠讓投資管道更多元，也加強了投資意願。另外一個投資ETF的優點是，相較於共同基金，ETF的管理成本較低。一般共同基金的年管理費率大都在基金資產的1.5%至2%，若買賣境外基金還有2%至4%不等的手續費。但ETF的管理費率大都不到1%，買賣交易成本和股票完全相同，成本優勢也是吸引投資人的一個主要原因。

＊∥基金

對大多數有投資經驗的人來說，基金是最熟悉的投資工具，臺灣的基金行業已超過三十年，從最初僅有臺股基金，到目前國內外股、債、貨幣、不動產、指數等不同類型。以發行地來區分，則分為臺灣投信公司發行的**境內基金**，以及由國外基金公司發行，至臺灣銷售的各式**境外基金**。根據國內投信投顧公會的統計，臺灣投信公司發行的境內基金共有七百二十六檔，總規模達到新臺幣二・一二兆[12]；境外基金共有四十三家總代理人，共代理國外七十二家基金機構，基金總數達一千零三十九檔，總投資規模更是超越境內基金，達新臺幣三兆[13]。

在本書所提的「**基金**」指的是**共同基金**（mutual fund），也就

[12] 二〇一六年十一月底的資料。
[13] 二〇一六年十一月底的資料。

是一般常見，向大眾募集資金，投資在股票、債券、貨幣，或其他投資商品上，這種類型統稱「公募基金」。另外還有其他類型，像是找特定投資人投資的「私募基金」（private equity fund），以特殊投資策略，限定投資人數的「避險基金」（hedged fund）則不在本書的討論範圍。

共同基金的出現已超過百年歷史，起初是源自於英國工業革命後，大量的中產階級興起，財富累積的結果提高了投資需求；加上當時美洲、亞洲國家紛紛展開工業化，需要大量資金，「投資」這件活動成為必然發生的結果。只是初期因為資訊不發達，資金被詐騙時有所聞，投資成了追逐高風險的事情。一般大眾對跨國投資的法律和規則不瞭解，加上對於產業的發展無法隨時追蹤，因此發展出簽訂信託契約，委託專業投資人士代為處理投資，形成今日共同基金的雛形。

共同基金的出現加速了現代金融市場的擴張，在強調專業分工的時代裡更顯得重要。投資人出資委託專業經理人代為操作投資，獲利由投資人和經理人共享。二者之間是委任和受託的關係，如果沒有專業經理人，大眾的資金運用將成為無效率，同時容易出現短期瘋狂追逐特定商品，加大金融市場的波動，風險也會增加。各國在專業經理人不發達的年代中，諸如房地產、農產品都可能成為炒作的對象，遠者如十七世紀荷蘭的鬱金香投資熱，十八世紀英國的南海泡沫及法國的密西西比公司泡沫，近者如一九九〇年代日本的房地產泡沫。就算進入二十一世紀的現代，因為不理性的投資狂熱仍時有所聞，如二〇〇〇年破滅的網際網路泡沫、二〇〇八年美國房地產泡沫、中國曾出現的農產品炒作風潮，像是普洱茶、冬蟲夏草等，甚至出現了所謂「黃小玉」、「蒜你狠」、「糖太宗」等戲謔名詞。

投資基金和前一段介紹的ETF有所不同。相對於ETF的被動式投資特色，基金大多屬於「**主動式投資**」，有基金經理人代為操作投資，因此除了基金的投資範圍和性質之外，基金經理人的投資手法和策略也會影響基金報酬。大多數的基金都有一個對應的基準指數（Benchmark）作為比較基準，投資績效也以贏過Benchmark為目標。例如許多臺股基金都以臺灣加權股價指數為Benchmark，基金的表現最好能夠勝過指數，否則投資人寧可去買成本較低的ETF。

共同基金的分類大多依照所投資的資產類別來區分，常見的區分法如下：

1.股票型基金：以投資股票為主的基金產品。依據不同的投資範圍還可細分為：

(1)區域型／國家型：以地理區域作為劃分，投資某一國家或區域的股票市場。如台股基金、亞太基金、新興市場基金、拉丁美洲基金等。

(2)產業型：以所投資的產業作區分，投資特定類型的產業。如科技基金、原物料基金、農產品基金、不動產基金、黃金礦業基金等。

(3)主題型：以投資主題定義所投資的範圍，不限於某一地理

區域或產業。如金融科技基金、自動化機器人基金、資產證券化基金、人口趨勢基金、高股息基金、新興消費基金、社會責任基金等。

2.固定收益型基金：以投資各類型固定收益商品（主要為債券）為主的基金產品。不同的投資範圍還可細分為：

(1)區域型／國家型：以地理區域作為劃分，投資某一國家或區域的債券市場。如美國債券基金、新興市場債券基金、中國債券基金、資源國家債券基金等[14]。

(2)依信用評等：信用評等是債券商品特有的產物。全球有數家公認的信用評級機構，如穆迪（Moody's）、標準普爾（Standard & Poor）、惠譽（Fitch）針對各國和各類型債券的違約可能性作分級。評分等級愈高，代表未來違約的可能性愈低，債券的利率也會比較低，投資人的風險和收益率都較低。反之評分等級較差的債券收益率高，但違約的風險也會增加。近年來相當火紅的高收益基金，即屬於信用評級較低，違約風險高，但收益率也高的產品。另外像是投資等級債基金，所投資的債券都在一定的評級以上，避免追逐高收益讓投資暴露在高風險中。

(3)依債券種類：依照定存、票券、公債、地方債、公司債、金融債、可轉債等不同，例如貨幣市場基金、美國公債基金、歐洲公司債基金等。

[14]例如限定投資加拿大、巴西、墨西哥、南非、澳洲等原物料國家的債券。

3.平衡型基金：大體而言，股票投資的風險較高，債券投資的風險較低，於是出現將二者結合的商品，同時投資一定比例的股票和債券，獲得比投資股票的風險低，但收益比債券高的效果。

4.組合型基金：是共同基金的延伸產品。一般基金是投資在個別公司的股票或債券，組合基金的方式則是投資在許多基金，成為基金中的基金（fund of funds）。組合基金的經理人主要在分析子基金的投資模式和風險、報酬是否符合該組合基金的需要，因此組合基金經理人往往需要瞭解各子基金的經理人的操作型態，加以數量化分析。

要將基金產品作區分的原因在於，不同資產所代表的風險和報酬並不相同，因此不同的基金產品也會有不同的風險和報酬的結果。因此，拿新興市場股票基金的報酬和美國債券基金報酬，或是黃金礦業基金和不動產基金相比其實並不客觀。這個觀念相當重要，本書第六章將特別介紹基金商品的風險等級。

理財工具II：期權、權證、連動債、保險，你買的到底是什麼商品？是保險還是連動債？

本章是理財商品的進階篇，主要介紹衍生性金融商品。

前一章的股票、債券、外匯，本身就是資產，有自己的價格在市場上交易。這些資產的交易，基本上都是「一對一」的關係，也就是買賣一單位的資產，收付一單位的價格。比如說買進一張中華電信的股票（一千股）需要十萬一千元（二〇一六年十一月二十一日收盤價一百零一元，不計手續費）、承作一千美元的外幣定存需要新臺幣三萬二千一百九十七元（二〇一六年十二月二十日臺灣銀行報價三十二・一九七元兌一美元）。就算是借錢來買也得付這麼多，少一塊錢都無法成交。

只是，投資是講求報酬的。中華電信漲到一百零五元時，買進成本一百零一元的投資人會有四元的差價，換算成報酬率是3.96%[1]。但如果成本能夠低一點，好比十元，這四元的價差不就代

[1] （105÷101）÷101≒3.96%。

表了40%的報酬嗎[2]？

於是，許多新式的投資商品在這個誘因趨使下陸續出現。基本上這類的投資是以小搏大、槓桿操作，這些投資商品本身並不是資產，它的價格是「衍生」自一個資產的價格而來，假如這個資產不存在了，投資商品也就會消失。因此統稱為「衍生性金融商品」，這些都屬於「金融創新」（financial innovation）的一部分。

本章介紹幾類常見的衍生性商品，這些投資工具的出現豐富了金融市場的樣貌，也讓投資的想像能夠化為實質的交易。起初，這些衍生性金融商品的功用是替原有資產的部位（如股票、債券、外幣等）規避價格下跌的風險，這項功能如今仍被大量應用。後來，許多頭腦靈活的人在這些金融商品的操作裡加上了人性的貪婪，同樣的工具反而成為洪水猛獸，讓金融市場成為金錢遊戲的戰場，大賺大賠只在一瞬間。

我們不一定要使用它，身在現代的金融世界裡我們必須認識它。

＊ || 期貨（futures）

相較於股票、債券、外幣等投資商品，交易的都是商品「現在」的價格，期貨則是一種交易商品「未來」價格的工具。買賣雙方透過合約，同意在指定的時間、以約定的價格與其他交易條件，收付約定數量的商品。商品可以是股價指數、可以是公債利率（以上稱為金融期貨）、可以是原油、黃金、也可以是小麥（以上稱為

---

[2] （105－101）÷10＝40%。

商品期貨），各式各樣不一而足。詳細的分類如下：

1.商品期貨：

(1)農產品期貨：棉花、黃豆、小麥、玉米、糖、咖啡、豬腩、棕櫚油、橡膠等。

(2)金屬期貨：銅、鎳、鉛、鋅、鋁等。

(3)貴金屬期貨：黃金、白銀。

(4)能源期貨：原油、汽油、熱燃油，近年來還有碳排放。

2.金融期貨：

(1)股價指數期貨：如美國道瓊工業指數、S&P 500指數、英國FTSE指數、德國DAX指數、日本日經225指數、香港恆生指數等。

(2)利率期貨：如美國十年期公債殖利率期貨。

(3)外匯期貨：如歐元兌美元匯率、日圓兌美元匯率等。

期貨最初出現是由商品市場開始的，其中又以農產品最明顯。農夫在種植作物時，需要人力、種子、農藥、機械……的投資，但卻不知收成時的價格，因此面臨了有可能在收成時價格下跌，產生賠錢的風險。尤其相同作物的生長季和收成季相同，同時間收成時往往出現市場供過於求的現象，價格不利農夫。因此便出現了今天以合約方式，約定好價格和數量，交易未來某一天的收成。這樣一來，農夫賣出這個合約，可以確定在未來一定收得到一筆錢，風險大為降低。買進這個合約的人，雖然承擔了農夫的風險，但卻有機會在未來價格上

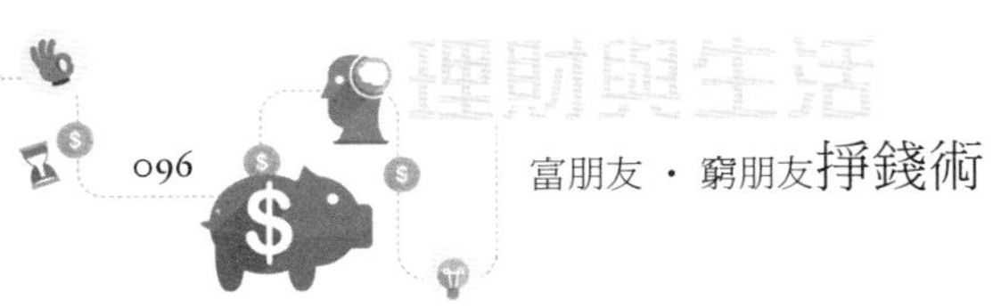

漲時獲利。這樣一來，市場機制讓想承擔風險賺取利潤的投機者，和不想承擔風險的農夫，可以各取所需。

期貨的出現，讓人們對於特定商品價格有了未來的參考值。好比近年來全球天候不穩定，極端氣候事件頻傳，作物的收成受到影響，因此只要出現暴雨或乾旱，農產品的期貨價格就會出現上漲，反應了人們對未來價格的預期。這是期貨相當重要的「價格發現」功能。

和期貨性質相類似的是一種叫做「遠期合約」（forward）的商品，遠期合約的歷史比期貨更早，性質和期貨類似，都是在今天預先為未來的交易訂下規格、數量和價位。但和期貨不同的是，遠期合約是買賣雙方依照各自的需求，私下訂立的契約。包括商品的規格、成色、數量，還有價格，合約內容未必適用其他人。款項和商品的交付也是私下進行，沒有固定的交易所集中處理。相比之下，期貨則是採取單一規格、集中交易、統一清算及交割，讓四面八方的交易者在相同的平台上交易，減少一對一交易的時間和成本的消耗，也降低違約交易的發生。

以下簡單整理期貨市場交易制度特色：

◎合約規格統一

為避免不同成色、品質、數量的商品讓交易複雜化，同一期貨合約採用相同品質，相同數量，保證買賣雙方交易的是相同的商品。例如芝加哥商品交易所的一口黃豆期貨合約，代表五千蒲式耳

（Bushel）[3]的二號黃豆。S&P 500股價指數期貨每一點的價值為二百五十美元。臺灣期貨交易所的臺灣股價指數期貨（簡稱臺指期）每一點的價值是新臺幣二百元。所有在期貨交易所買賣的投資人均一體適用。

◎固定到期時間

期貨合約為維持市場交易秩序，在規格上儘量簡化一致，除了品質和數量統一之外，到期時間也統一。例如前述芝加哥商品交易所的黃豆期貨，雖然可以天天買賣交易，但合約的到期日規定為每年的一、三、五、七、八、九、十一月。S&P 500股價指數期貨是每年的三、六、九、十二月。臺指期的交易月份是最近二個月及最近三個季月[4]。不會有其他月份的合約。

◎保證金制度

期貨為集中市場交易，買賣雙方互不相識。為確保合約履行，期貨交易採取保證金（margin）制度。買賣雙方須依照期貨合約價值的一定百分比繳納保證金，比例通常在5%至10%之間。因為保證金的設計，期貨交易成為一種以小搏大的槓桿操作。只要支出少部分的本金，就可以獲得整張合約的漲跌。保證金制度是期貨交易的

[3] 蒲式耳（bushel）是英制重量單位，衡量大宗物資和農產品的重量。同樣一蒲式耳，不同的作物其重量不太相同，例如一蒲式耳的黃豆等於六十磅，約二十七・二二公斤。讀者可以暫時忽略這些計算方式，只要瞭解期貨合約是統一規格即可。

[4] 例如在二〇一七年三月底，可以交易最近的四、五月的合約，以及最近的三季（六、九、十二月）的合約。

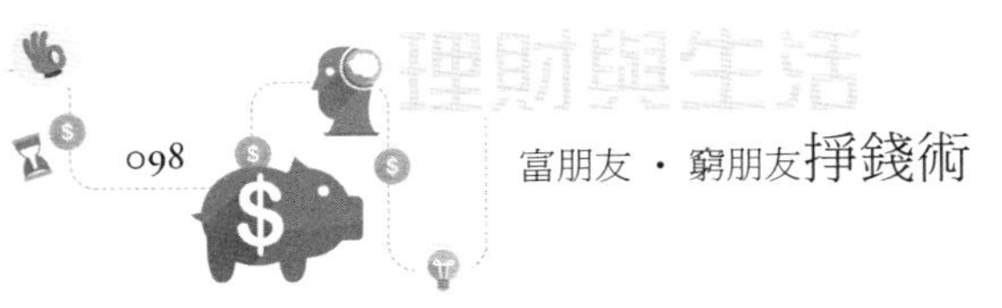

重要方式，舉一實例詳細說明如下：

在二〇一六年十二月二十日當天，二〇一七年六月份到期的S&P 500股價指數期貨收盤價為二二六六・五點，以每點二百五十美元計算，一張S&P 500股價指數期貨合約價值為五十六萬六千六百二十五美元（2266.5點×250元）。但買賣一口芝加哥商品交易所的S&P 500股價指數期貨，只需要放入二萬六千一百二十五美元的「原始保證金」，就可以擁有一張S&P 500指數期貨合約，只占期貨合約價值的4.61%。又例如同一天臺指期十二月份收盤價九二六〇點，一張期指合約價值為一百八十五萬二千元（9260點×200元），但原始保證金只需要八萬三千元（約合約價值的4.48%），就可以擁有一張臺指期合約。

因為期貨的槓桿功能，為避免任何一方虧損過大而出現違約，在原始保證金下另有「維持保證金」制度。維持保證金是原始保證金餘額的下限，只要原始保證金因為虧損而減少至維持保證金以下，交易所就會發出補繳通知，**投資人必須補繳至原始保證金**的金額，又稱為margin call。例如前述S&P 500股價指數期貨的維持保證金是二萬三千七百五十美元，臺指期的維持保證金是臺幣六萬四千元。

◎每日集中結算

期貨交易採集中交易，設有結算所，於每日交易收盤後針對每筆期貨的損益進行計算，如果出現前面提到的原始保證金餘額低於維持保證金的情況時，當日就會發出補繳通知，若投資人於期限內未補齊保證金，結算所會強制結束該筆期貨合約（稱為強制平倉），以避免損失擴大。

例如前述S&P 500股價指數期貨，若某一日收盤指數下跌十點，結算所計算原始保證金餘額成為二萬三千六百二十五元（26,125－250×10＝23,625），低於維持保證金的二萬三千七百五十元，結算所就會發出通知，投資人必須補繳保證金至二萬三千七百五十元，也就是補繳一百二十五美元（23,750－23,625）才能維持合約的存續。又如臺指期的維持保證金是六萬四千元臺幣，若臺股指數跌幅超過九十五點時，買進臺指期的投資人要補繳至八萬三千元，計算如下：

（83,000－64,000）÷200＝95

這種設計是讓投資人每日都能掌握投資的損益狀況，避免數個月後到期時才能得知是大幅獲利或虧損的風險。

以下將前面提到的期貨合約作一整理如下：

表一　期貨合約內容（範例）

名稱	S&P 500指數期貨	黃豆期貨	臺股指數期貨
交易所	芝加哥商品交易所（CME）	芝加哥期貨交易所（CBOT）	臺灣期貨交易所（TIME）
合約規格（價值）	250美元×指數	5,000蒲式耳×價格	200臺幣×指數
最小跳動單位	0.1點（25美元）	0.25點（12.5美元）	1點（200臺幣）
交易月份	每年3、6、9、12月	每年1、3、5、7、8、9、11月	最近二個月及後三個季月
到期日	到期當月的	到期當月15日前一個交易日	到期當月的第三個星期三
原始保證金*	26,125美元／口	2,640美元／口	83,000臺幣／口
維持保證金*	23,750美元／口	3,850美元／口	64,000臺幣／口

註：* 為2016年12月資料，期貨交易所會依指數高低另行公告調整保證金，須依當時的公告為準。

各國期貨交易所及不同期貨商品有不同的合約規格和交易月份，投資人在交易前均應先充分瞭解。

＊‖選擇權

期貨是一種典型的槓桿操作，只要付出5%至10%左右的保證金，就能享有商品價格100%的漲跌。期貨含有兩個重要的特性：(1)投資期貨的損益和標的物價格變化呈現「一對一」的關係，也就是說，標的價格漲跌多少，幾乎就等於期貨的損益；(2)期貨的買方和賣方，都有到期履行合約的「義務」，不履行合約會被視為違約。

和期貨「義務」相比，另一種極受歡迎的槓桿性投資工具為選擇權。望文生義，**選擇權**（options）是一種帶有「權利」性質的商品，要不要履行契約是一種權利，而不是義務。擁有權利的人可以決定是否要履行，而出售權利的人則是要到被要求履約時才有義務履約。

選擇權也是一種契約，不過和期貨不同，期貨是未來以某價格買賣某一數量商品的契約，買賣的是商品本身；而選擇權是未來以某價格買賣某一數量商品「權利」的契約，買賣的是權利。依買賣不同分為買權（call option）和賣權（put option）。

無論是買權或賣權都屬於權利，各有買賣雙方。權利的買方（long）支付一些權利金（premium），即有權利在未來特定的時間，以約定的價格向權利的賣方執行權利；反過來權利的賣方（short）在收取權利金之後，有義務應買方要求，在未來特定的時間，以約定的價格賣出一定數量的商品給權利的買方。**表二**為更清楚的說明：

表二　選擇權的種類和買賣（對特定數量的商品交易）

	買權（call option）	賣權（put option）
買進（long）	有權利在未來以約定價格買進	有權利在未來以約定價格賣出
賣出（short）	有義務在未來以約定價格賣出	有義務在未來以約定價格買進

如果覺得有些複雜，有個簡單的方法可以幫助理解：**不管是買權或賣權，買進（long）的一方有權利無義務，賣出（short）的一方有義務無權利。**

選擇權的觀念其實長久存在於人類的商業活動，甚至在一般的生活中。茲舉二例：

1.買東西時先付的「訂金」，即是支付一個未來購買該產品「權利」的價格；如果到時不想買，買方損失的是訂金，但如果買方到時仍要買，收取訂金店家必須以當時議定的價格賣出，買方只要付尾款即可，即使該產品有漲價也不能調整價格。

2.購買保險也是一種選擇權交易的行為。例如車險，購買車險的人支付保險金，向保險公司購買一個發生特定事故時（如車禍）申請理賠的權利，保險金額事先約定。如果在期間內事故沒有發生（沒有發生車禍），駕駛人損失的是保險金，如果有發生，保險公司必須依約賠償。同樣的，壽險、醫療險、意外險、甚至全民健保也是類似的概念。

由前面的例子中，我們可以歸納出一個事實：

1.選擇權的買方（long），無論是買權或賣權，最大的損失就是支付的權利金，獲利空間則依照合約而定，最大獲利可以到無限大。

2.選擇權的賣方（short），無論是買權或賣權，最大的獲利就是收取的權利金，可能的損失也依合約而定，最大損失也可能無限大。

以**圖一**表示如下：

圖一　選擇權的種類

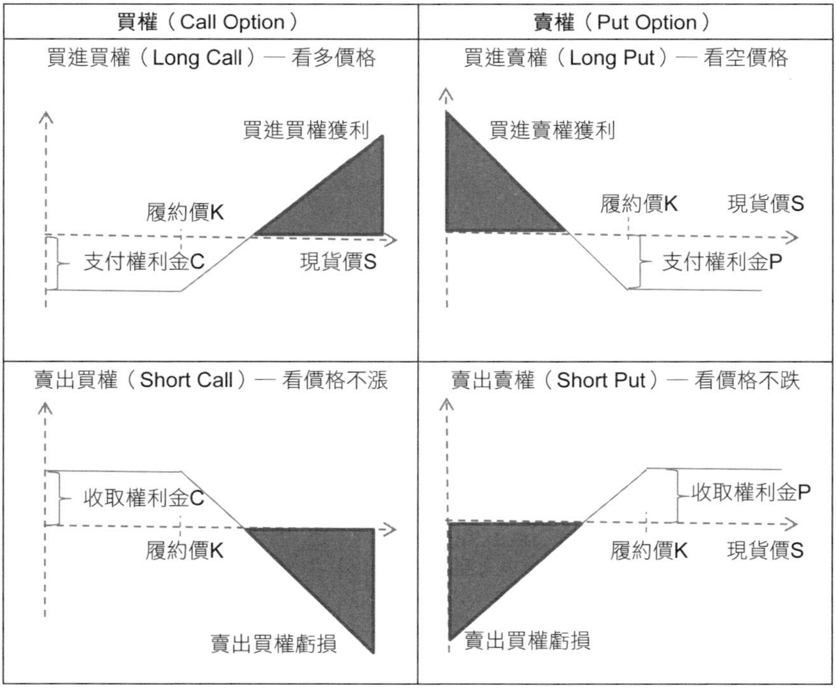

買權（Call Option）	賣權（Put Option）
買進買權（Long Call）— 看多價格 買進買權獲利 履約價K 支付權利金C 現貨價S	買進賣權（Long Put）— 看空價格 買進賣權獲利 履約價K 現貨價S 支付權利金P
賣出買權（Short Call）— 看價格不漲 收取權利金C 履約價K 賣出買權虧損	賣出賣權（Short Put）— 看價格不跌 收取權利金P 履約價K 現貨價S 賣出買權虧損

儘管選擇權的觀念長期應用在人類的商業活動中，但真正把選擇權規格化，並放在交易所內買賣也不過是最近四十多年的事。一九七三年芝加哥選擇權交易所（CBOE）首次推出股票選擇權[5]，將選擇權契約標準化，方便投資人買賣。一九八〇年代之後交易規模愈來愈大，每日在交易所成交的股票選擇權背後代表的股票數量，超過了紐約證交所實際交易的股數。不僅如此，美國以外的金融市場也紛紛成立選擇權交易所。二〇〇一至二〇〇三年間，選擇權的成交量超越了期貨，成為最重要的衍生性金融商品。時至今日，全球主要的金融市場均提供選擇權交易，可交易的標的物和期貨類似，包括股票、股價指數、利率、匯率、金屬、農產品等等。

目前全球選擇權大多採取集中交易的方式，主要的股票指數選擇權交易所包括芝加哥選擇權交易所（CBOE）、美國股票交易所（AMEX）、紐約股票交易所（NYSE）；外匯部分則是費城交易所（PHLX）；商品金屬則以倫敦金屬交易所（LME）為主，中國的大連、鄭州交易所也迎頭趕上；其他如東京期貨交易所（TIFFE）、歐洲期貨交易所（EUREX）、倫敦國際金融期貨交易所（LIFFE）、上海期貨交易所（SHFE）、香港交易所（HKEX）、韓國期貨交易所（KOFEX）也都占有一席之地。臺灣目前的選擇權交易是在臺灣期貨交易所進行。

---

[5] 一九七三年四月二十六日芝加哥選擇權交易所（Chicago Board Options Exchange, CBOE）成立，最初僅推出十六檔股票的買權，直到一九七七年六月三日才推出賣權。

選擇權交易會如此受歡迎的原因，除了權利本身可以交易的特性外，還有就是影響選擇權價格的因素相當多元，可討論的空間很多，也豐富了選擇權交易的多樣性。和期貨相比，期貨交易仍是以商品本身為主，影響期貨價格的因素，最主要的還是商品價格本身，這也是為什麼期貨損益和標的商品價格是一對一的原因。而選擇權是一種權利交易，權利的買賣本身即具有價值，標的商品價格的變化只是影響權利價格的其中一項而已。通常我們觀察影響選擇權價格的因素主要有五項：

1.履約價格（K）

選擇權是一種在特定時間，用特定價格執行買賣交易的權利，這個特定價格就是履約價格（K）。對於買權（call）來說，履約價格愈低，代表將來能用愈低的成本執行權利，獲利的可能性愈高，買權價格也愈高；對於賣權（put）來說，履約價格愈低，代表將來只能用愈低的價格賣出，獲利的可能性愈低，賣權價格也愈低。

2.標的商品現價（S）

選擇權最後是否具有價值，取決於標的現價（S）和履約價格（K）之間的價差。對於買權（call）來說，當S＞K時買權就有價值，因此標的價格（S）愈高，代表S＞K的可能性愈高，買權價格也愈高；對於賣權（put）來說，當S＜K時賣權才有價值，因此當標的價格（S）愈高，代表S＜K的可能愈小，賣權價格反而愈低。

3.選擇權的權利期間（T）

選擇權提供買方的一個執行買賣的權利，買方支付了權利金，獲得的是「一段期間」內的權利，而不是無限期。在絕大多數的情況下，期間愈長，價格的空間愈大，權利的價值愈有可能增加，因此無論買賣權價格都會比較高。

4.利率水準（R）

選擇權是有時間性的，而在金融市場的觀念中，時間是有價值的，而利率是表示時間價值的方法之一。大家可以想像一下，將一百元存入銀行一年，銀行給的是一年的存款利息，這利息就是這一百元在一年間的時間價值，利率愈高，時間價值也就愈高。

換一個角度想，買權（call）是在未來支付一筆金額買進商品的權利，例如一個履約價格是一百五十元的台積電買權，意味著買權投資人可以在一年後用每股一百五十元買入台積電的股票。當利率僅1%時，一年後的一百五十元相當於今天的一百四十八・五元〔（150÷（1＋1%）〕，如果今天利率升到5%，時間價值提高了，一年後的一百五十元只相當於今天的一百四十二・八元〔150÷（1＋5%）〕。從今天的眼光來看，履約價格其實相對變低了，就等於買權的價值提高了。

反之，賣權（put）是在未來獲得賣出商品，獲利一定金額的權利。用上面的例子，假設一年後可以用每股一百五十元賣出台積電的股票，當利率僅1%時，一年後的一百五十元相當於今天的一百四十八・五元〔（100÷（1＋1%）〕，如果今天利率升到5%，時間價值提高了，一年後的一百五十元只相當於今天的一百四十二・八元〔（150÷（1＋5%）〕。一年後收到的一百五十元變得比較不值錢，就等於賣權的價值下降了。

5.標的價格的波動性

標的價格的波動性（σ）[6]是指標的物價格的上下波動幅度。每一種商品或證券的價格都有其特性，有些商品價格起伏較大，例如農產品受到天候因素影響大；有些價格起伏較小，例如大型企業規模龐大，營運狀況比起剛起步的中小型企業來得平穩，股價也比較穩定。波動性是衡量價格波動性的指標之一，廣為市場使用。理論上價格波動性大，選擇權價值較高。

影響選擇權價格的因素眾多，標的物價格只是其中一種。因此，當標的物價格上漲一元，期貨價格也會上漲一元，但選擇權就不一定了，還得看當時的利率水準、價格波動、市場預期、到期期間等多方面，這也加深了操作選擇權的難度。不過，選擇權仍然是深受市場歡迎的金融工具，其以小搏大的特性，不僅投機者歡迎，避險者也時常利用選擇權來為既有的現貨部位避險。例如某甲於二〇一六年十二月中旬買進一檔台積電的股票，成本價為一百八十元

[6] σ是希臘字母Σ（音sigma）的小寫形式，在此當作價格波動性的符號。統計上σ稱為「標準差」，意思是在一段期間內，「距離平均價格的平均距離」。公式為：

$$\sigma = \sqrt{\frac{(x_n - \overline{x}),^2}{n-1}}$$，n=1……N。讀者先參考即可。

[7]，若無任何避險，某甲持有這檔到期日的損益狀況可能如**圖二**：

圖二　持有台積電股票損益

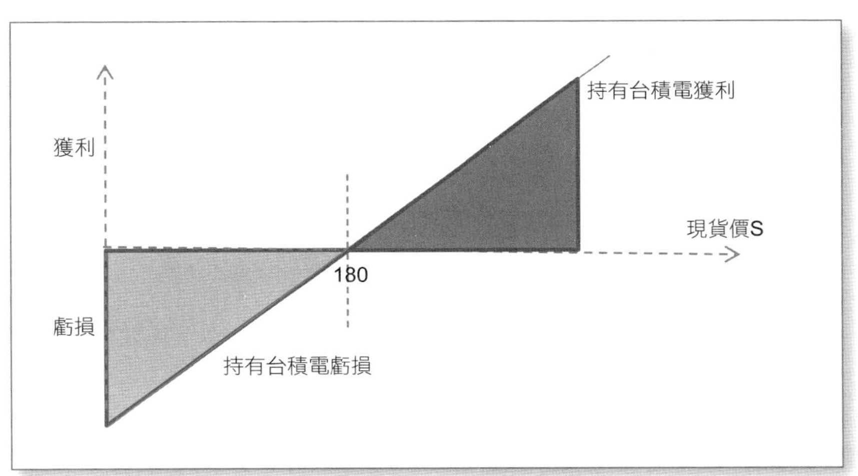

亦即，若台積電股價上漲，漲多少當然就賺多少；相反地，若股價跌破一百八十元，某甲就開始出現虧損，跌愈多虧愈多。

假設到了十二月底，台積電已漲到一百八十五元，此時某甲帳面上已有五元的利潤。為了鎖住這個利潤，某甲買進了二〇一七年一月份到期，標的為台積電的賣權（put）。根據臺灣期交所的當日收盤資料，台積電一月份到期，履約價一百八十五元的賣權價格為七・〇五元。如**圖三**：

[7] 二〇一六年十二月，台積電股價約每股一百八十元。

圖三　台積電選擇權報價

加權股價指數: 9,078.64(-40.11)　最高: 9,128.83　最低: 9,078.64　選擇權總成交量: 528,513
臺積電現貨: 178.50(-0.50)　現貨狀態: 收盤　最高: 180.00　最低: 178.50　成交量: 44

買權(CALL)　2330臺積電選擇權(CDO) ▼　201701 ▼　賣權(PUT)

買進	賣出	成交	漲跌	總量	時間	履約價	買進	賣出	成交	漲跌	總量	時間
		--	--	--		150.0			--	--	--	
		--	--	--		155.0		0.400	--	--	--	
		--	--	--		160.0		0.400	--	--	--	
		14.950	0.600	1	12:26:07	165.0		0.450	0.320	0.070	12	09:52:16
		10.450	0.500	5	10:05:08	170.0		1.020	0.890	0.080	2	09:51:49
		6.650	0.400	5	10:05:08	175.0	1.870	2.200	1.860	-0.210	5	10:56:09
0.500		3.260	-0.200	1	12:26:07	180.0	0.050		--	--	--	
		--	--	--		185.0	0.050		7.050	-0.500	5	12:12:48
	0.750	0.410	-0.300	5	11:04:27	190.0			--	--	--	
	0.280	--	--	--		195.0	0.050		--	--	--	
	0.200	--	--	--		200.0			--	--	--	
		--	--	--		205.0			--	--	--	

資料來源：finance.google.com。

某甲只要花七千零五十元（每股7.05×1000股），就可以保護手中的一千股台積電股票的利潤（如**圖四**所示）。

圖四的淺色實線為持有台積電現股的損益，黑色虛線是買進履約價一百八十五元，一月份到期的台積電賣權損益。黑色實線為二者相加的總損益。雖然額外支付了每股七・〇五元的權利金，現股的下跌風險卻被鎖住了，即使到期前台積電跌到〇元，最大的虧損也不過每股七・〇五元。並且，選擇權也沒有被追繳保證金的問題。

如果再深入討論，選擇權依履約型態的不同，分為「歐式選擇權」和「美式選擇權」二種。歐式選擇權只有在到期日當天才履約

圖四　持有台積電股票及賣權

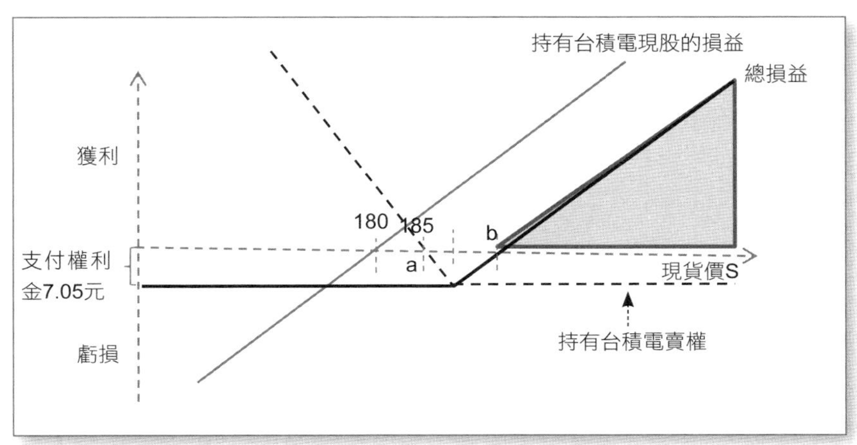

結算，到期日前不得要求履約；美式選擇權則可以在到期日前隨時要求執行手中的權利。目前在臺灣期貨交易所內所交易的各式選擇權，包括指數和個股，均為歐式選擇權；在芝加哥掛牌的個股選擇權是美式，指數則為歐式。

表三以美國和臺灣的選擇權商品規格各舉一例，讀者參考即可，有興趣者可再自行研究：

表三　選擇權合約規格

項目	芝加哥選擇權交易所(CBOE)	臺灣期貨交易所
交易標的	掛牌的指數和個股選擇權。	臺灣證券交易所發行量加權股價指數。
履約型態	個股選擇權為美式選擇權，亦即任何正常交易日皆可要求履約，採實物交割，指數選擇權為歐式選擇權，採取現金結算。	歐式（僅能於到期日行使權利）。

（續）

項目	芝加哥選擇權交易所(CBOE)	臺灣期貨交易所
契約乘數	每一點（個位數）相當於美金100元。	指數每點新臺幣50元。
到期月份	■個股選擇權：自交易月起連續兩個接續月份，加上不同季月循環兩個，共四個合約在市場交易。 ■指數選擇權：自交易當月起連續三個月份，另加上3、6、9、12月中三個接續月份，共六個合約在市場交易。	自交易當月起連續三個月份，另加上3、6、9、12月中二個接續的季月，總共有五個月份的契約在市場交易。
權利金報價單位	■個股選擇權：如執行價介於 5 至 25 美元，每2.5美元為一間隔；如執行價介於 25至 200美元，每5美元為一間隔；執行價200美元以上，每10美元一間隔。 ■指數選擇權：近月合約規格以5點（道瓊工業指數為1點）為間隔報價；遠月合約規格以10點為間隔報價。	■權利金報價10點以下：0.1點（5元）。 ■權利金報價10點（含）以上，50點以下：0.5點（25元）。 ■權利金報價50點（含）以上，500點以下：1點（50元）。 ■權利金報價500點（含）以上，1000點以下：5點（250元）。 ■權利金報價1000點（含）以上：10點以上（500元）。
每日漲跌幅	無	以前一營業日臺灣證券交易所發行量加權股價指數收盤價之7%為限。
交易時間	■個股選擇權為芝加哥時間 8:30至3:02〔臺北時間（夏令）：pm 9:30至am 4:02 〕。 ■指數選擇權為芝加哥時間 8:30至3:15〔臺北時間（夏令）：pm 9:30至am 4:15〕。	■契約之交易日與臺灣證券交易所交易日相同。 ■交易時間為營業日上午8:45至下午1:45。
最後交易日	■個股選擇權為到期月份的第三個星期五。 ■指數選擇權為到期月份的第三個星期四。	各契約的最後交易日為各該契約交割月份第三個星期三。
到期日	最後交易日之次一營業日。	最後交易日之次一營業日。

（續）

項目	芝加哥選擇權交易所(CBOE)	臺灣期貨交易所
交割方式	■個股選擇權為美式選擇權，亦即任何正常交易日皆可要求履約，採實物交割。 ■指數選擇權為歐式選擇權，採取現金結算。	所有未沖銷之價內部位於到期日當天，依到期結算價自動行使，以現金交付或收受履約價格與到期結算價之差額。

＊‖權證

有一種和選擇權類似的投資工具稱為權證（warrant），又稱認股權證。簡單來說它就是一種由券商發行，可以在股票交易所上任意買賣的選擇權。投資人在交易所買進權證，就如同買進一個買權（認購權證），或是買進一個賣權（認售權證）。連結標的、到期日、履約價、交換比例等由發行券商於發行時決定。投資人只須從交易所琳瑯滿目的各式標的、價格、到期日的權證當中，找到適合的進行投資。

權證的投資方式相對於選擇權來說單純多了，只要用一般的股票帳戶即可，不需要另開期權帳戶，也沒有融資、保證金追繳的問題。交易方式和股票幾乎沒有差別，但是又具備選擇權交易的槓桿性質。臺灣的權證市場起步很早，在一九九七年六月即有第一檔權證商品推出，但因為稅務及法規的爭議，直到二〇〇七年權證課稅法案修正後才告解決。近年來每年各家券商在臺灣權證發行的檔數均超過一萬檔，甚至二萬檔，在主管機關和各券商的大力宣傳下成交金額也逐步上升，二〇一五年僅認購權證就發行了二萬八千九百五十二檔，成交金額約六千四百五十億，占股市成交金額的3.2%；鄰近的香港其權證成交值往往占股市總成交值的15%至20%，相對來說，臺灣的權證市場仍有很大的成長空間（見**表四**）。

表四　臺灣證券交易所掛牌權證規格（範例）

名稱	群益64購01	元大01
代號	049688	06593P
權證類型	美式一般型認購權證	歐式一般型認售權證
標的股	台積電（2330）	台塑（1301）
原始履約價格	184	42.5
執行比例	0.06（每一張權證可認購60股台積電股票）	0.30（每一張權證可認購300股台塑股票）
上市日	2016/8/2	2016/10/31
到期日	2017/4/5	2017/5/2
期間	8個月	6個月
2016/12/26權證價格	0.54	0.51
2016/12/26標的價格	179.5	86.6
隱含波動率（60天）	18.73%	16.40%

資料來源：臺灣證券交易所，http://www.twse.com.tw/ch/stock_search/warrant_search.php。

雖然選擇權和權證的槓桿特性與權利金設計，能夠提供避險和加速獲利的功用，然而價格起伏相當劇烈，賺賠往往是瞬間的事。同時，交易也涉及許多專門的計量知識，投資人必須預先修習相關課程，瞭解風險和報酬，才不致於用了好的工具卻賠了大錢。

＊‖連動債

連動債投資曾經在臺灣風行一時。二○○○年美國網際網路泡沫破滅後，全球掀起一股降息風潮，美國聯準會（類似中央銀行）一度將利率降到當時最低的1%，臺灣的利率水準也降到當時新低的1.375%[8]。對照過去動輒8%至9%的利率水準，低利率代表投資報酬率的下降。此時「**連動債**」（structure note）這個商品便產生了，它是經由金融工具加以設計的一種兼具高保本和創造獲利的「金融商品」。

連動債的特性是兼具高比率的保本（甚至是100%保本），但同時提供了額外獲利的可能。完全是低利率和金融工程結合後的產物。它的基本結構相當簡單：

連動債＝固定收益商品＋衍生性金融商品

所謂**固定收益商品**，是指「在一定的期間內，商品的發行者會根據事先約定的利率支付投資人利息，使投資期間每期收益均為固定，並於到期時可以領回本金的商品[9]」。銀行提供的定期存款便是一個例子，此外像是債券，包括定期配息的公司債和政府公債也均屬此類（債券的介紹請見前章）。另外，美國有一種零息債券（zero coupon bond），發行時以低於面額銷售（例如面額一百元，以九十七元賣出），但在債券期間並不配息，而直至到期時再以面額買回（如前例償還一百元）。也算是固定收益商品的一種。

---

[8] 二〇〇三年六月二十七日中央銀行將基準利率調降至1.375%新低水準，後來二〇〇九年二月十八日因應金融海嘯，更曾一度降到1.25%的歷史低點。

[9] 參考自中興大學（台北大學前身）企管系林金賢教授的定義。

至於**衍生性金融商品**，大多就是指本章前面所介紹的選擇權。由於選擇權的特性，只需買進時支付一筆權利金，然後持有至到期，再比較現貨價和履約價之間的關係決定損益，因此給予了連動債設計者空間。設計者只要運用二者之間的現金收付關係，便可「創造」出新的投資商品。

連動債兼具高保本和獲利空間，設計者將保本的部分交由固定收益商品。在大部分的情形下，固定收益商品都是到期可收回本金，加計約定利息。例如在利率2%的環境下，一百元本金在一年後可以獲得本利共一百零二元。但是，如果一年後只要保本，收回一百元呢？那麼，今日便只需要放入九十八・〇四元即可：

100元÷（1＋2%）≒98.04元

今天只要定存九十八・〇四元，或是買進相同期間的債券，在2%的利率水準下，一年後就可以拿回一百元。對投資人而言，便是「保本」。

那麼，多餘的一・九六元（100－98.04）怎麼辦呢？設計者拿來用在選擇權或是類似選擇權商品的投資上。前面提過，選擇權是一種在期間內以小搏大的金融工具，只要以七・〇五元就可以享有台積電的漲跌，無須買一股一百八十元的台積電股票。在本例中，多餘的一・九六元便可拿來進行選擇權投資，連結的標的不一而足，可以是個股（如鴻海股價、臉書股價，甚至是同時連結多檔股票）、股價指數（臺股指數、英國金融時報指數FTSE100、香港恆生指數），也可以是利率（例如5%-LIBOR）、黃金價格、農產品價格、原油價格，甚至是公司債、政府公債、外匯（人民幣、歐元）等。前一章提到的**外幣組合式商品**就是一種類似連動債的商品。連動債的投資分配和到期本利狀況如**圖五**所示：

圖五　連動債投資分配及到期本利

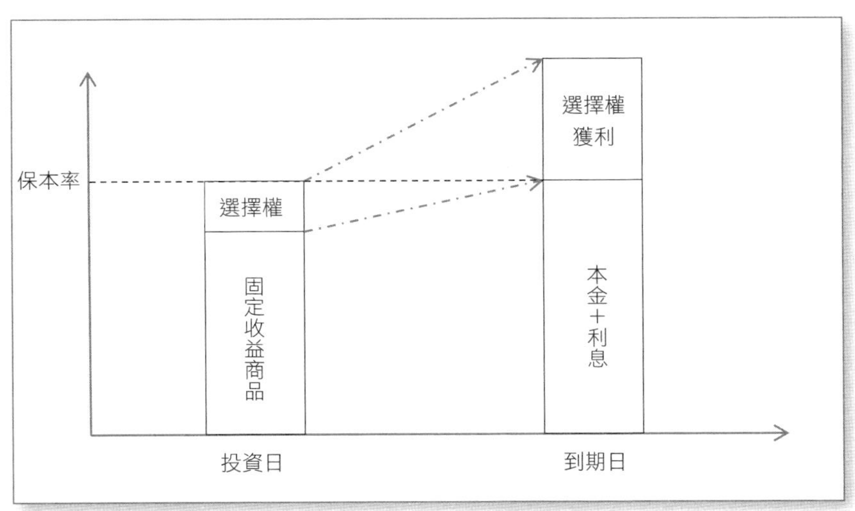

這種到期時保障一定程度本金的連動債商品，又稱「參與債券」（participation note），意思是除了本金保障外，還參與了風險性較高的投資。如果不幸風險投資失利，至少還拿回本金。值得一提的是，這種保本商品的設計可以視客戶需要量身訂做，不一定非得保證100%本金。如果客戶願意承擔較高的風險，可以降低保本率，例如95%，這樣可用來投資在風險性資產的金額增加，未來獲利的可能也會跟著提高。

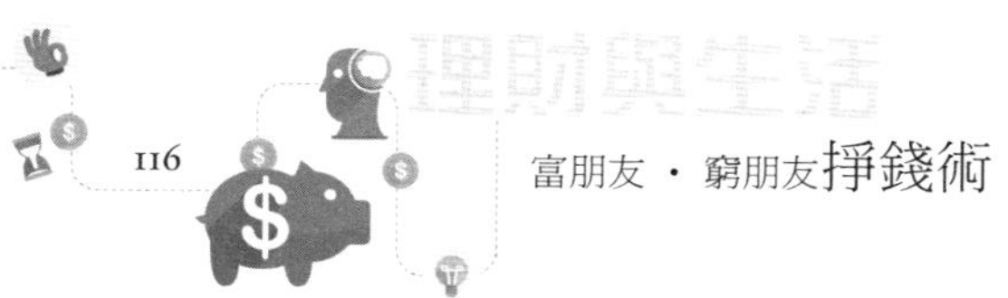

另外有一種增額收益型的連動債（yield enhancement notes, YEN），並不提供保本，但隱含的獲利性比較高，為結構較為複雜的連動債商品[10]。

連動債看似是個相當良好的投資商品，在本金的保護下提供了高獲利的機會，因此深受臺灣定存族的歡迎。但連動債有其投資風險，主要的風險如下：

1.提前贖回風險：連動債最常見的爭議是保本。絕大多數的參與債券都列明保本只有在到期日時才成立，投資人在到期日前贖回是沒有保本的。這是因為投資的債券或選擇權往往是量身訂做，一般在市場上沒有太多人在買賣，也就是沒有流動性（liquidity）。一旦投資人要求贖回，連動債發行者必須在市場上同時賣出固定收益商品和選擇權部位，由於賣方必須賣出部位應付贖回，此時買方勢必壓低價格。也造成了提前贖回的投資人往往最後獲得的金額不如帳面上所見那麼高，爭端因此產生。事實上愈是量身訂做的商品，就愈有流動性的問題。

2.交易對手風險：大多數的保本型連動債是由特定的銀行予以保證到期時款項支付，但銀行本身也有經營的風險，如果遇上保證銀行經營困難，甚至宣布破產，它所保證的所有連動

[10] 此類商品的設計變化較多，由於不保本，投資風險也較高。其中一類是拿收到的本金作保證，同時賣出選擇權，獲得權利金，如果到期未出現虧損，則可以賺到權利金；若價格出現虧損，則有可能侵蝕到本金。

債也就同時面臨無法保本的風險。雖然銀行破產並不常見，但只要一發生往往影響甚鉅，甚至還有連鎖效應。近年來最嚴重的一次銀行破產危機即是二〇〇八年九月美國投資銀行雷曼兄弟的破產事件。雷曼兄弟替全球龐大的連動債商品提供保本保障，它的破產形同連動債的投資人無法取回投資本金，瞬間引發全球金融海嘯。當時根據金管會的估計，僅國內一般投資人和大型機構，投資在雷曼保證的各式連動債金額便超過千億！[11]

3.匯率風險：絕大多數的連動債因為連結的是國外的標的，因此以外幣計價居多。換言之，雖然拿給銀行的是新臺幣，但銀行會將其轉為外幣（如美元）投資，多數的保本率也是以外幣計算。如果到期時臺幣升值，即使外幣仍然保本，換回臺幣也會吃虧。例如投資一萬美元100%保本的美元連動債，投資時以臺幣兌美元匯率為三十比一（一美元兌三十元臺幣），買進時須花三十萬臺幣；若到期時僅保本，投資人可拿回一萬美元本金，但如果當時的匯率變成二十九比一，臺幣變得比較值錢了，兌換回臺幣時將僅剩二十九萬元，在匯率上就吃了虧。

在國外，多數的連動債投資人都是專業的投資機構，有豐富的投資股票和債券的經驗才進行連動債的投資。但在國內，往往在

[11]「800億元連動債變壁紙！」。取材自《商業週刊》第1087期。

潛在利潤的趨使下，許多毫無投資經驗的定存族或退休族大量投資在連動債上，一旦金融危機發生就不免出現許多爭議，由於爭議不斷，主管機關對於銀行銷售這一類商品設下了高門檻，近年來連動債的熱潮已消退不少。

＊‖資產證券化商品

還有一種過去幾年相當廣泛受歡迎的投資工具，稱為「**資產證券化商品**」（securitization products）。顧名思義，是發行公司將全部或一部分具有未來收益性的資產作為基礎，將其「證券化」，也就是發行有價證券對外募集資金，再以資產未來的現金流量當作利息配發，使投資人有穩定的孳息收入。

資產證券化商品的出現，主要是因為資產的流動性需要。企業擁有的資產當中，有一些是具有價值，但無法立即產生現金流量的。企業如果要創造這些資產的現金運用，原本只有出售一途，將資產賣出換回現金，但有時出售資產需要極長的時間（例如土地、房屋等），或有時企業並不願意出售資產（例如工廠、採礦權）。此時資產證券化便可解決這部分的問題，企業不需要出售資產，只要以資產作為抵押，便可發行有價證券募資，再用該資產未來的現金流入（例如租金收入、貸款償還、投資收益等）配發給投資人。在這個情況下，企業仍擁有資產，但多了一筆可運用的資金，而投資人則有了一種可產生穩定收益的投資工具。

至於資產的類別通常分為二大項：

◎實體資產證券化

主要是不動產證券化。簡單來說，就是將一個或數個不動產物權或債權組合經由信託，發行有價證券給投資人，投資人可以在證券交易市場上買賣轉讓，當中還有信評機構、擔保機構參與，以確保不動產物件的品質和現金流量。例如臺灣本地由國泰金控發起的國泰一號不動產投資信託基金（代號01002T），即是二〇〇五年九月用國泰人壽所擁有的三棟大樓，包括臺北喜來登大飯店、臺北西門大樓、臺北中華大樓為標的所發行的證券化商品。全球不動產證券化最大的市場在美國，其他像加拿大、日本、澳洲的規模也十分龐大。除了不動產之外，像是採礦權、油田、油管、林木、倉儲等實體資產均有證券化商品。這些商品長期產出穩健的現金流量，成為國外退休基金的重要投資項目。

◎金融資產證券化

主要是各式的債權。例如銀行貸放的房貸、企業放款債權、汽車貸款債權、信用卡應收帳款、租賃債權等等。將這些債權抵押給信託，包裝成證券化商品向投資人募資，再用本身產生的現金流量（例如貸款者按時償還的本金和利息）配給投資人[12]。同樣的，信評機構和擔保機構在當中也扮演了維護資產品質的角色。

金融資產證券化的最大優點，是活絡了資產負債表中的應收帳

[12] 在臺灣，不動產證券化是利用特定不動產成立信託或公司，發行股票或債券募資；而金融資產證券化則是以債權作擔保發行有價證券。

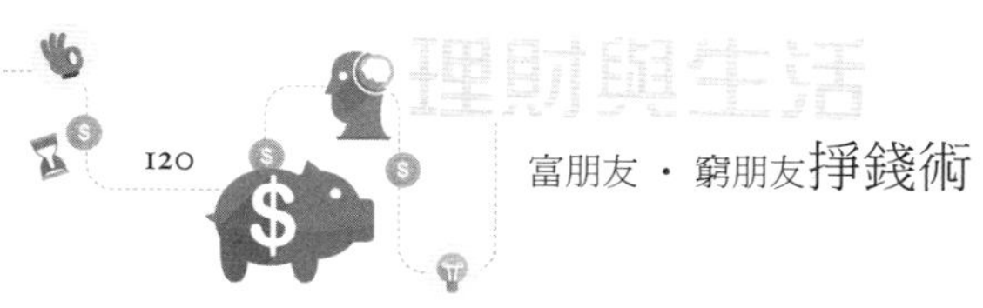

款，將未來的應收轉化為今日的現金，供銀行或企業進一步運用，銀行在金融市場的角色也出現改變，由單純的放款者變成金融資產證券化的提供者；再者，資產證券化的過程中，已將各式債權交由信託（或特殊目的公司），和原公司的業務完全分離，原公司若發生經營不善的困境，並不會影響已分割出來的證券化資產，投資人的權益有了另一層保障；最後，應收帳款風險進一步獲得分散，由原公司轉嫁給廣大投資者共同承擔。但同時由於承擔風險的是普羅大眾，卻也加大了危機發生時對金融市場的影響。例如二〇〇八年金融海嘯期間，投資人大量殺出，就連品質極佳的資產也受到波及大幅下跌，反而助長了市場的恐慌。

＊ ‖ 保險

在這裡談的保險，不是指一般的壽險、醫療險、意外險、看護險等保險，這部分坊間都有專書介紹，此處所要談的，是利用保險單之名，實際上進行投資活動，這種保單稱之為「**投資型保險**」。

投資型保險是一種兼具保險和投資雙重目的的商品。傳統保險除了事故的保障之外，並不具有投資的效益，只有在計算保單價值時提供一個極低的保單利率。但在一九七〇年代全球經歷了全球的高通膨危機，低保單利率完全無法支應高漲的物價水準，因此與投資報酬有關的保險商品應運而生。今日，單純的人壽保險已沒有太多人關注，大多已被各式投資型保險取代。一般談論的投資型保險大致可分為下列三種：

◎分紅保險

分紅保險（participating insurance）是最早期的投資型保險。概念上類似將一筆錢交由保險公司管理，同時取得一份壽險保單。保險公司將收取到的保費進行保守型的投資，獲得超過保單預定利率的報酬（利差益）。每年若實際死亡率和實際管理費率若低於預定死亡和預定管理費率（死差益及費差益），連同利差益保險公司會以紅利方式配發給保戶，或提高壽險保障金額。

分紅保險的特色是所產生的利潤，無論利差、死差或費差，都與保險公司的投資績效和營運績效有關。保戶的紅利高低，是由保險公司單方面決定的，和公司的經營相連結。不同保戶若買了同一張分紅保單，分配到的紅利是一樣的。雖然大部分的分紅保險都有所謂的「保證利率」，但通常不高，因此保險公司的投資不需要十分積極，只要維持穩定即可。

◎萬能壽險

和傳統分紅保險不同的是，從萬能壽險（universal life）開始，保戶繳交的投資型保險保費中，除了一部分是定期壽險保費外，其餘均放入保險公司設立的個人投資帳戶[13]，雖然仍是由保險公司代為投資操作，但和公司營運績效分離。保戶很清楚繳交的保費中多少是用於純保障，多少是用於投資，且投資績效也比較清楚透明。

---

[13] 在美國，這種個人投資帳戶稱為分離帳戶（separate account），在加拿大稱為獨立帳戶（independent account）。

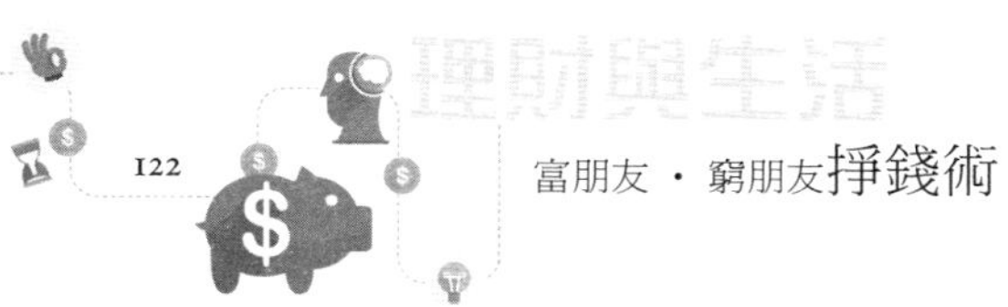

萬能壽險	=	定期壽險	+	個人投資帳戶（仍由保險公司管理）

此外，萬能壽險的壽險保障部分，是採用定期壽險，和終身壽險相較，定期壽險的保費相對低很多（但也因此不是終身保障），可以用較低的費用投保較高的保額。

萬能壽險的另一個特色是保戶可依據自身需要，在繳交的保費中選擇多少比例用作純壽險，多少比例用於投資。例如在年輕時負擔家計，責任重大，可以提高定期壽險的比例，對家庭也比較有保障；中年時收入穩定而支出相對較少，除了基本的壽險需求，可以進一步提高投資比重，以規劃老年生活。另外，萬能壽險也能夠視本身資金狀況，調整繳交的保費多寡，算是相當有彈性的設計[14]。

保險公司同樣提供萬能壽險一個保證利率，因此對萬能壽險的保戶而言，除了擁有保險公司的保障收益（雖然很低），還有機會獲得較高的投資收益，因此一度相當受到歡迎。

◎變額壽險／變額萬能壽險

所謂「變額」，是指壽險的保險金額並不是固定的。在變額壽險（variable life）的設計中，保單僅提供一個最低的終身壽險保險金，其餘的變動是靠獨立的個人投資帳戶的投資收益。保險公司提供一組外部投資商品，如共同基金、連動債、ETF等，由保戶自行

[14] 在保單價值準備金高於應繳保費，保單就會持續有效，不像終身壽險必須定期繳費。

挑選組合，也可委託給專業投資機構代為投資，也就是一般所稱的「類全委保單」。最後的壽險保險金高低是由個人投資帳戶的收益高低決定。

變額壽險 ＝ 低保額終身壽險 ＋ 個人投資帳戶（保戶自己管理，或委由專業機構代為管理）

變額壽險屬於終身壽險，因此仍須定期繳費以維持保單價值準備。後來衍生出的變額萬能壽險（variable universal life），便同時擁有「變額」和「萬能」二類保險的特質，一方面投資收益來自於保戶自己管理的個人投資帳戶，投資在基金、連動債、ETF等投資商品中，有機會獲得高投資收益；另一方面屬於定期壽險，保費較低，保額較高，並可依照自身需要調整繳費時間和定期壽險的比例。目前相當多的投資型保險屬於此種。

變額萬能壽險 ＝ 定期壽險 ＋ 個人投資帳戶（保戶自己管理，或委由專業機構代為管理）

無論是變額壽險或變額萬能壽險，最大的特色是將投資商品納入，作為未來保險給付的一部分。對保險公司來說，減輕了在低利率環境下，本身操作績效的壓力；對保戶而言，可以根據自己的能力和決策，有機會增加保障。但對保戶的挑戰是，必須自行為投資收益負責。

另外，透過投資型保險買賣基金，通常需要支付「契約附加

費」、「危險保費」、「保單契約管理費」，以及「申購基金手續費」和「基金管理費」[15]。相較於直接申購共同基金只需要手續費和管理費，投資型保險的成本較高，但也多了一份保單保障。

補充說明一點，大部分的投資型保險除了壽險保障之外，也可附加其他險總，像是醫療險、傷害險、意外險、重大疾病險、癌症險等，讓整體保障更為完整。

總括而言，保險已是現代人不可缺少的理財方式之一。單純的保險有其好處，投資型保險則結合了保險和投資，對於許多非專業投資人來說，簡化了理財管道。初入社會的新鮮人可視自身需要決定，但一份完整的保險，加上定期的投資，絕對是決定未來財務自由的關鍵。

[15]大部分的投資型保險，會提供保戶每年數次轉換基金免手續費。

投資理財必備技能I：觀念篇 想有錢一點都不難，教您如何存下第一桶金

市場上的投資工具種類繁多，可以滿足各種不同的投資需求，但是適合個人投資需求的投資工具卻會因個人差異而有所不同。因為，一樣米養百樣人，每個人的背景、資本、需求、規劃大不相同，不可能有一個投資機會適合所有的人。接下來這二章看起來雖會輕鬆些，但對於想投資的人同樣很重要。因此，本章所提到的「必備技能」，不會是哪一支明牌，哪一道秘技，甚至也不是哪一個壓箱寶。坊間有許多投資達人、分析高手的經驗可以去看、去學。這裡，只會教你認識自己。而認識自己，做出適切的選擇，往往是通往成功投資，獲得財務成功最關鍵的一步。

搞清楚自己是什麼類型的投資人，比什麼絕招都有用。

＊‖對於無法放棄儲蓄習慣的人……

本書前面曾提及前王品集團戴勝益董事長的談話，他提出月薪五萬元以下的人不用儲蓄，應該拿來投資自己與拓展人脈關係。

但知名主廚阿基師認為，月即使月薪只有三萬，也要至少存五千，否則如何盡孝？如何養家？急用時錢從何來？也就是說，金錢的使用見人見智，只是，對於許多靠固定薪水，也就是領死薪水的人來說，「儲蓄」是相當保險的理財方式。

在大部分的情況下，只要銀行不倒，存多少都是自己的。

儲蓄雖然是美德，也是好事，但在目前的低利率環境中，卻是一種沒有效率的理財方式。不僅資本累積速度實在太慢，更重要的是，還會被不斷高升的物價打敗，也就是帳面上的「存款數字」雖稍有增加，但「存款價值」卻大幅縮水。以目前約1%的存款利率，面臨2%的物價膨脹率，也就是每一百元的存款，一年後帳面上雖然有一百零一元，但這一百元的實際購買力只剩下九十九元〔101元（1＋2%）≒99元〕，反而出現錢愈存愈少的怪現象。

這樣算下來好像儲蓄對整體資產的增值並沒有多大好處，但儲蓄對於大多數人的安定感是不能忽視的。畢竟「一鳥在手，勝過百鳥在林」，抓在手中的低利率，有時還是比虛無飄渺的高報酬來得心安。只是，資產價值因為低利率和高物價而縮水是不爭的事實，對儲蓄最好也不要太過依賴。存款在理財當中的角色，應該由資產累積的主角，轉變為維持日常生活運作所需即可。

多數有儲蓄習慣的人，存款方式不外乎兩種：(1)每個月固定存入一筆金額；(2)每個月存入當月未花費的剩餘款。第一種方式會讓存款數字穩定成長，未來會有多少本息都可預先計算，但是生活開銷和花費會因此受到限制，對許多人來說未必能持之以恆；第二種方式比較不穩定，有錢會多存一些，沒錢就少存一點，它的缺點顯而易見，就是未來能有多少錢難以估計，而且最後很有可能存不了多少錢。

儲蓄是一種「享受當下和擁抱未來」相互拉鋸的心理戰，上述二種方法當中不論採取哪一種，都等於是在現在和未來之間作取捨。要一個平時沒有儲蓄習慣的人突然開始每個月存三千元，就好比要一個老煙槍從今天開始不准抽煙一樣難受。因此，有關儲蓄的方法，我建議用一種「漸進累積式」的方式，讓儲蓄隨時間漸漸成為一種習慣，然後累積出一筆可觀的金額。

所謂「**漸進累積式**」的方式十分簡單。假如你目前是一個存款數字是零的人，從這個星期開始，維持「每一週多存十元」的習慣，只要一年後，就會看到它初步的成效。

只要「每一週多存十元」，一年後帳戶就會有一萬三千七百八十元（不計利息），持續這樣的慣性，到了第二年最後一週的存款額將是一千零四十元，一個月已存超過四千元，和一般人每個月存三至五千元已相差無幾，在第二年底累積將會有五萬四千零七十元！但更重要的是，這個儲蓄慣性已經養成了。

這種慣性當然可以繼續下去，到了第三年的最後一週的存款額已達到一千五百六十元，相當於一個月存超過六千元。累積存款將有十二萬零八百八十元。以此類推，第四年底會有二十一萬四千二百二十元[1]。

---

[1]有關第二年以後各週的儲蓄金額和累積存款，可利用Excel軟體自行試算。

表一 「漸進累積式」儲蓄法

週數	當週存款	累積存款	週數	當週存款	累積存款
第1週	10	10	第27週	270	3,780
第2週	20	30	第28週	280	4,060
第3週	30	60	第29週	290	4,350
第4週	40	100	第30週	300	4,650
第5週	50	150	第31週	310	4,960
第6週	60	210	第32週	320	5,280
第7週	70	280	第33週	330	5,610
第8週	80	360	第34週	340	5,950
第9週	90	450	第35週	350	6,300
第10週	100	550	第36週	360	6,660
第11週	110	660	第37週	370	7,030
第12週	120	780	第38週	380	7,410
第13週	130	910	第39週	390	7,800
第14週	140	1,050	第40週	400	8,200
第15週	150	1,200	第41週	410	8,610
第16週	160	1,360	第42週	420	9,030
第17週	170	1,530	第43週	430	9,460
第18週	180	1,710	第44週	440	9,900
第19週	190	1,900	第45週	450	10,350
第20週	200	2,100	第46週	460	10,810
第21週	210	2,310	第47週	470	11,280
第22週	220	2,530	第48週	480	11,760
第23週	230	2,760	第49週	490	12,250
第24週	240	3,000	第50週	500	12,750
第25週	250	3,250	第51週	510	13,260
第26週	260	3,510	第52週	520	13,780

註：起始金額為0。

對於一些薪水族來說，一個月存六千多元可能並不是一件容易的事。如果力有未逮，可以作適合自己的調整，例如從第三年開始，維持第二年最後一週的每週一千零四十元的存款額，一年累積五萬四千零八十元（1,040×52＝54,080）的存款，直到將來可以進一步提高每週存款額再作調整。

一個星期存一千多元，一個月存四千多元難不難？說難挺難的，說容易也挺容易。每天早餐自己煎蛋夾吐司、晚上少花六十元買鹽酥雞當消夜、買十五元一把的新鮮地瓜葉而不是店裡一盤三十五元的燙青菜、少花四十或五十元買珍珠奶茶或翡翠檸檬茶、自己煮咖啡加鮮奶作拿鐵、買衣服則從「新裝上市」改成三個月後的「換季特賣」、交通工具從計程車改成公車和捷運……，每天省個一、二百元真的不是太困難的事。

「漸進累積式」的儲蓄方式不是我發明的，但我認為十分適合多數想要養成儲蓄習慣的人：第一、它的起始點很低，十塊錢就可以開始；第二、它的累積速度不快，每一週多省十元對大多數人來說不算太困難；第三、不需要到畢業後就業領薪水才開始，從學生時代就可以起步，拿平日的打工錢就行；第四、如果是上班族，儲蓄速度可以跟著未來加薪逐漸增加。這一筆錢，學生可以拿來還學貸、卡債；上班族可以規劃出國旅行、進修，或是買房、買車的頭期款；更可以用作退休金準備。

＊‖對於開始要投資理財的人……

如果你能理解儲蓄已無法滿足未來經濟上的需要，投資理財將成為必備的常識，那你就正式進入投資的領域。投資工具林林總總，方法千奇百怪，但不管方式為何，有兩個熟悉又陌生的名詞你一定得認識：**一個叫「報酬」，一個叫「風險」。**

「報酬」的概念相當明確。買低賣高就是賺，反之就是賠錢，通常用百分比（%）表示。算法上可以有幾個方式：

◎直接計算

例如，你以一百六十元買一股台積電股票，三個月後用二百元賣出：

報酬率＝（期末價格－期初價格）÷期初價格

你的報酬率＝（200－160）÷160＝25%

你以八十元買一股鴻海，三年後用一百元賣出，報酬率也是25%〔（100－80）÷80=25%〕。

◎年化報酬

為了讓報酬率有比較性，實務上往往會以相同的時間區間，通常是以一年來作比較基準。最常見的例子是銀行的牌告利率。以臺灣銀行一〇五年十二月二十日的牌告利率為例，一個月的一般定期存款機動利率為0.600%，三年期的一般定期存款機動利率為1.115%，都註明是年息。實際上一個月的定存實拿僅0.05%

（0.6%÷12），三年定存可實拿1.115%×3＝3.345%的利息。但為避免每次計算都要考慮時間，牌告利率都用年化來表示，以易於比較。（見**圖一**）

圖一　臺灣銀行新臺幣牌告利率

掛牌日期：2016/12/20　　實施日期：2016/11/01

類別	期別	利率(年息%)		
		金額	新臺幣存放款牌告利率	固定利率
定期儲蓄存款	三年	一般	1.165	1.115
		五百萬元(含)以上	0.290	0.280
	二年～未滿三年	一般	1.115	1.075
		五百萬元(含)以上	0.260	0.250
	一年～未滿二年	一般	1.090	1.070
		五百萬元(含)以上	0.240	0.230
定期存款	三年	一般	1.115	1.065
		五百萬元(含)以上	0.290	0.280
	二年～未滿三年	一般	1.090	1.040
		五百萬元(含)以上	0.260	0.250
	一年～未滿二年	一般	1.065	1.035
		五百萬元(含)以上	0.240	0.230
	九個月～未滿十二個月	一般	0.950	0.910
		五百萬元(含)以上	0.200	0.190
	六個月～未滿九個月	一般	0.835	0.795
		五百萬元(含)以上	0.170	0.160
	一個月～未滿三個月	一般	0.600	0.600
		五百萬元(含)以上	0.110	0.110

資料來源：節錄自臺灣銀行網站（2016/12/20）。網址：http://rate.bot.com.tw/twd。

回頭看前面台積電和鴻海的二個投資例子，直接計算的報酬率都是25%，但仔細觀察這二個投資的績效卻不一樣。台積電的25%利潤是三個月達成，而鴻海的25%獲利卻花了三年，很明顯換算成年化報酬率並不相同。用EXCEL軟體來計算公式如下：

$$X=（1+r）^\wedge（12/m）-1$$

其中 m是投資月數；r是報酬率。

因此，上面二個投資報酬率經年化後加以計算分別為：

$$台積電投資 = (1+25\%)^{12/3} - 1 = 144\%$$

$$鴻海投資 = (1+25\%)^{12/36} - 1 = 8\%$$

三個月能賺25%，比起三年才能賺25%當然來得好，這得從年化報酬才看得出來，只作直接計算是無法比較的。

以下再舉一個例子來說明報酬率：

下面有二檔投資標的，資產一是美國最具代表性的S&P 500指數，代表股票市場（見**圖二**）；資產二是iBoxx美元計價的投資等級公司債指數，代表債券市場（見**圖三**）。自二〇〇八年金融海嘯以來走勢分別如下：

計算二者至二〇一六年十一月底，過去八年間的年化報酬率分別列如**表二**：

表二　股票和債券的報酬率

	S&P 500股票指數	iBoxx投資等級公司債指數
2008/11至2016/11之年化報酬率比較	11.87%	8.07%

資料來源：彭博資訊（2017/01），以月資料計算。

時間同樣是一年，S&P 500指數的投資報酬率比iBoxx高，表示投資股票的年報酬率要比投資債券好。到這裡暫停一下，先討論風險議題，至於這二個圖下面還會用到。

圖二　S&P 500指數十年走勢（2008/11至2016/11）

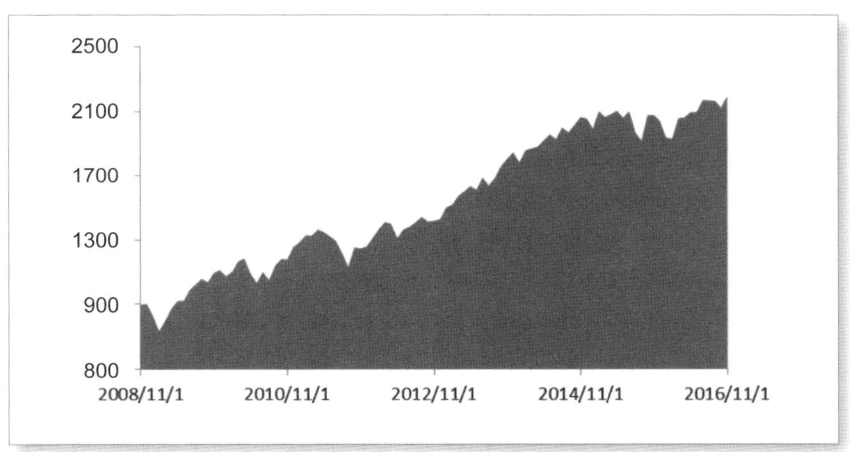

資料來源：彭博資訊（2017/01）。

圖三　iBoxx投資等級公司債十年走勢（2008/11至2016/11）

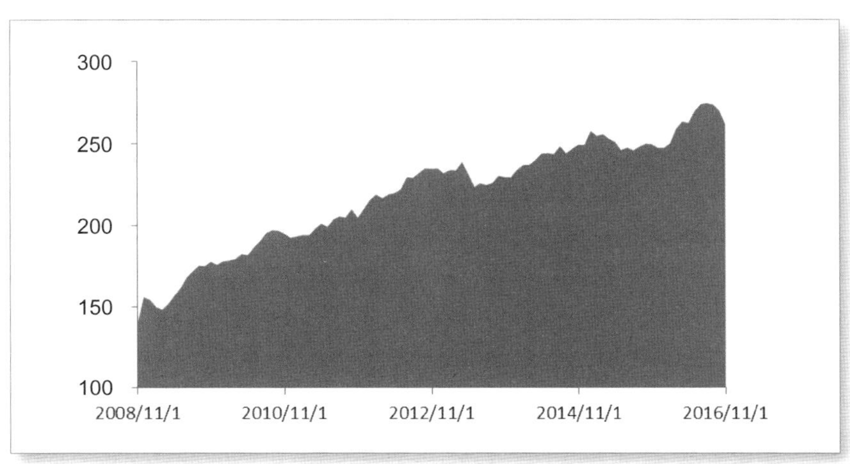

資料來源：彭博資訊（2017/01）。

相對於報酬，「風險」比較抽象難理解，但風險是具體存在的事物，而且讓人膽戰心驚。在日常生活中，發生疾病、傷痛、低潮，是人生的風險；在投資活動中，買賣任何投資商品是風險，同樣的，發生虧損也是風險。但是，對於大多數投資人來說，發生虧損，賠了錢，等於風險。這種認知不能說不對，卻不免偏執，在投資理財的領域裡往往使你的「理才」產生錯誤認知，這類型的人通常有下列兩個方面的錯誤認知：

第一個錯誤的認知是：因為有風險，才會虧損。

許多投資人在投資股票、基金、資產、債券、外幣發生巨大損失後，才會總結一句：「投資真是一件高風險的事！」把虧損多寡和風險高低放在同一個標準裡衡量，其實並不精確。

投資要獲利只有一個方法，就是買低賣高。再好的公司，如果買在價格高點，發生虧損的機會也會相對提高；一些大家棄如敝帚的標的，價格低到乏人問津，獲利的機會反而增加。也就是說，會不會發生虧損，往往和等級好壞的公司本身的風險關聯不大，反而和投資人買賣時間點和價格有關。

第二個錯誤的認知是：風險愈高，虧損愈大。

在解釋這個錯誤認知前，必須先說明什麼是高風險。前面提過，風險是指發生虧損的可能性。從這個觀念出發，高風險的意思是讓投資人產生虧損的可能性比較高，換句話說價格的起伏要比較大，才會產生這種可能性。如果一檔股票價格平穩不動，投資他基本上是不大會賠錢的。

說到這兒，關於風險，有一個最重要的觀念請一定要記住：**發生虧損，賠了錢，是已經發生的事實，不是風險；惟有「發生虧損的可能」不知道會不會發生，具有不確定性，才是風險。**這是投資上的基本認知，一定要分清楚。

我們用前面舉的二個資產為例。從**圖二**和**圖三**的例子可以輕易看出，S&P 500指數的價格波動很明顯較iBoxx投資等級公司債指數來得大，因此若在任何一個時點S&P 500指數，因為價格有可能下跌幅度比較大，「發生虧損的可能性」會比較高；也就是說，從過去的價格波動狀況來看，S&P 500指數的風險比iBoxx投資等級公司債指數高。

在投資學上，為了要呈現抽象的風險概念，採用了統計的方法，用數字來表示，稱為「標準差」。標準差的算法除有其公式[2]外，也可利用EXCEL軟體中的STDEV公式來計算。如何計算標準差並不是重點，各位只需要知道，標準差數字愈高，表示這個資產價格的風險愈高就行了。

我們回頭看前面S&P 500指數和iBoxx投資等級公司債指數的二個圖，除了過去八年的年化報酬率外，我們把這十年的報酬率資

[2] 以抽樣樣本來說，標準差$S=\sqrt{\frac{1}{n-1}\sum_{i=1}^{n}(x_i-\bar{x})^2}$，其中$n$是一組資料的個數，$X_i$是每一筆資料數值，$\bar{x}$ 是這一組資料的平均數。從公式的算法中可以得知，標準差的意思就是：「在一組資料中，每個個別數值與這一組資料的平均數差異的平均值。」也就是說，每一個資料和其平均數的平均距離，標準差愈大，表示平均距離愈大，波動性也愈大。

料，計算出報酬率的年化標準差[3]，也就是風險如**表三**：

表三　股票和債券的報酬——風險

（2008/11至2016/11）	S&P 500股票指數	iBoxx投資等級公司債指數
年化報酬率	11.87%	8.07%
年化標準差（風險）	14.36%	6.77%

資料來源：彭博資訊（2017/01），以月資料計算。

標準差是將資產價格波動數字化的代表，為全球金融投資業所採用，上面的例子雖然簡單，卻非常實用。從計算結果來看，S&P 500指數的標準差高於iBoxx投資等級公司債指數，表示從過去的價格變化來看，S&P 500指數的風險高於iBoxx投資等級公司債指數，也呼應了從圖中觀察的直覺。

敏感的讀者可能已經發覺，由標準差計算出來的風險值，其實都是從過去已發生的價格變化中觀察得來，無法準確表達該資產未來的價格變化，雖然統計學上有相關的推估方法，但大多是在過去已有的資料基礎上作預測和模擬，並不會有「未卜先知」的效果。由於沒有人有水晶球看得到未來，一般而言也只能假定**過去高風險的資產，未來的風險性可能也會比較高**而已。

在投資學中，「風險—報酬」是相互對應的，因此，上述股票和債券二種資產的風險和報酬可以描繪在一個二維象限的圖中：

---

[3] 年化標準差和年化報酬率的概念類似，將不同期間計算的標準差以每年為單位表示，資產間的風險可以比較。本例是以月報酬資料計算的標準差s，想要年化可以用$\sqrt{12 \times S^2}$予以年化。

圖四　股票和債券的「風險—報酬」關係一

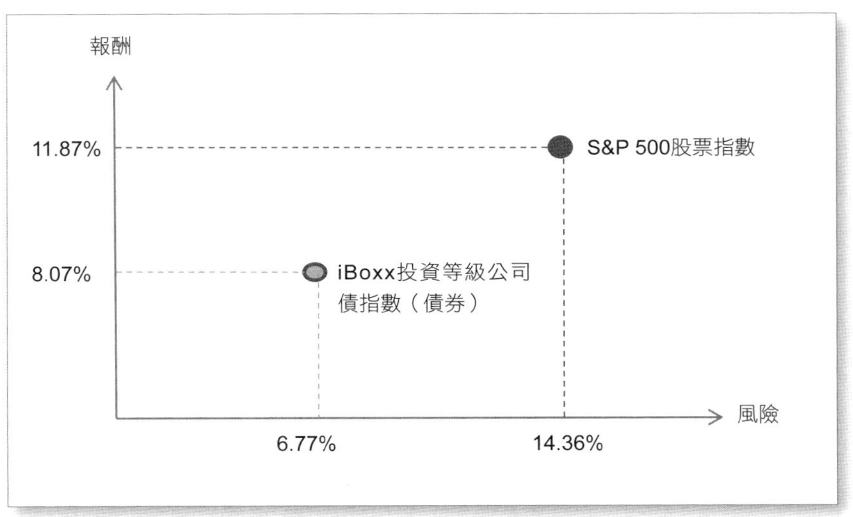

介紹完投資理財必須瞭解的報酬率和標準差，如果單看**圖四**的結果，很容易產生一種錯覺：S&P 500指數的風險雖然不低，但報酬率高，如果「高風險，高報酬」，「富貴險中求」，投資S&P 500指數獲利應該會比投資iBoxx投資等級公司債指數要好。

乍看之下是的，但不幸的事實並不如想像。

「風險—報酬」二維象限圖表示的報酬，指的是「平均報酬」，是個平均數。而標準差表示的風險值，指的是過去一段時間的歷史報酬資料中，和平均報酬之間的平均距離。如果歷史資料具有參考價值的話，S&P 500指數未來一年的報酬率，有滿高的機率會界於11.87%±14.36%之間，iBoxx投資等級公司債指數則有機會會界於8.07%±6.77%之間[4]。描繪成**圖五**如下：

圖五　股票和債券的「風險—報酬」關係二

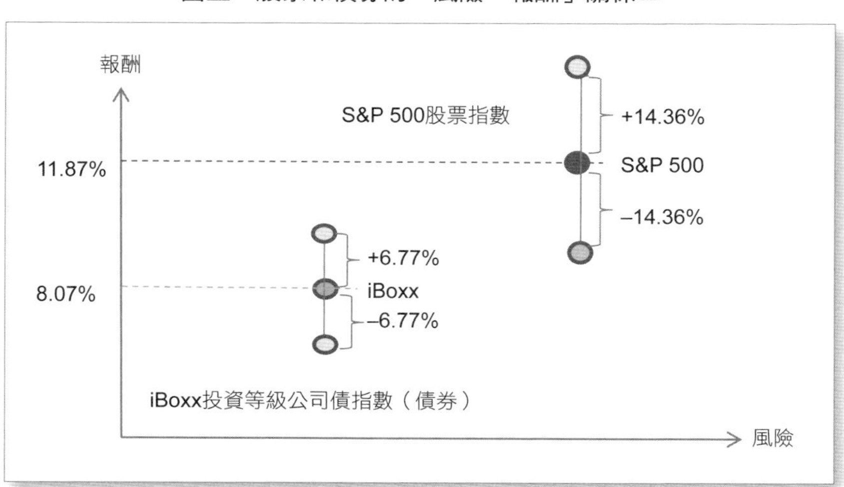

由**圖五**可以理解一個觀念：所謂「高風險，高報酬」，指的是在過去的資料中，投資高風險的資產，會有比較高的「預期報酬」，而非實質報酬。呼應前面所提到的觀念，**風險愈高，報酬率的盈虧幅度會比較大，「發生虧損的可能性」也愈高，但同時「預期報酬」也會比較高。**在本章下面會提到，投資會不會出現虧損，往往和資產本身風險高低的關係不大，而實際上卻和投資人的個性有關。

[4] 依照統計學的觀念，未來一段時間報酬率在平均數正負一個標準差範圍的機率，大約是三分之二左右（68%）。這個觀念是基於報酬率呈現標準常態分配（normal distribution），但這是一種對報酬率的假設，還有其他不同的研究會作不同的假設。

＊‖對於要瞭解自己投資習性的人……

前面花了很大的篇幅介紹「報酬—風險」的關係，希望各位讀者對投資理財這件事有了最基本的認知。不過，無論投資還是理財，最終還是得回歸到每個人自己，而每個人是不太一樣的。

在學習投資理財的過程中，「聽專家」是最快的，也最多人這麼做。聽理專、名嘴的推薦，複製投資達人、大師的經驗法則賺錢，輕鬆又自在，何樂而不為？但結果往往不是這麼如意。投資中有所謂的「八二法則」說法，意思是長久下來，80%的投資人其實是賠錢的，錢都被剩下那20%的人賺走了。金融海嘯後，甚至有人認為已成為「九一法則」了，意思是真正賺錢的人更少，而賺不到錢的人更多了。

「聽專家」沒什麼不好，人不可能什麼事都靠自己摸索，總要學習別人的經驗。不過，聽了專家的想法、做法之後，得要自己吸收、消化才行，找出適合自己的，剔除自己不要的。也就是說，「瞭解自己」才是最重要的課題。

「瞭解自己」一點也不抽象，只要瞭解下面二件事就可以：

◎投資人VS.投資商品

市面上已存在許多幫助大家瞭解自己的工具，下面以基金為例，介紹一種常見的方法。

各位如果去銀行、基金公司開戶買賣基金，都會被要求填寫一份「投資人適性分析」的表格，下面以富蘭克林華美投信的「客戶投資適性分析暨風險預告書」（見**圖六**）為例，讀者也可以自行上

圖六　富蘭克林客戶投資適性分析

富蘭克林華美投信

客戶投資適性分析暨風險預告書（適用於自然人）-填寫範例

KYC001

富蘭克林華美投信獨立經營管理 106台北市忠孝東路四段87號12樓 電話:(02)2781-9599 傳真:(02)2781-8299 網址:http://www.FTFT.com.tw

客戶投資適性分析暨風險預告書

受益人姓名或公司名稱	陳　克　玲	身分證字號或統一編號	A	2	3	4	5	6	7	8	9	0	日期	103 年 1 月 3 日

客戶投資適性分析表（為有助於提供您更完整之投資產品與貼心服務，敬請詳實勾選以下問券。）

【第一項】基本資料（由自然人填選）　　請依受益人本人之實際情況勾選及填寫

婚姻狀況	□已婚 ☑單身 □其他 □不提供
職位類別	□負責人□高階主管□中階主管☑職員□其他＿＿＿＿　□不提供
行業別	□軍公教□資訊/科技☑金融保險□製造/營建□零售服務□餐飲□娛樂□醫療/專業事務所□農林漁牧□無業/自由□政治相關□非營利事業□其他
投資理財的目的(可複選)	□節稅☑購屋準備☑創業基金□子女教育□退休準備□其他

【第二項】財務狀況（由法人填選）

⊙ 是否為專業投資機構：□否； □是(免填以下第五項法人理財性向，請勾選以下專業投資機構類型)

□**金融與投資機構**(國內外之銀行業、證券業、期貨業、保險業、基金管理公司及政府投資機構)

□**管理與運用之資產**(國內外之政府基金、退休基金、共同基金、單位信託及金融服務業依證券投資信託及顧問法、期貨交易法或信託業法經理之基金、或接受金融消費者委任交付或信託移轉之委託投資資產)

□**其他專業機構法人**(請檢附最近一期之財務報告且總資產超過新臺幣五千萬元)。

⊙ **請檢附最近期經會計師查核簽證之財務報表或其他可證明 貴機構資產情況之相關文件。**

□是　□否 請簡述未檢附原因 ：＿＿＿＿＿＿＿＿＿＿＿＿＿＿＿＿ ；**資產總額：**＿＿＿＿＿＿＿＿

【第三項】投資知識及基金偏好

投資理財觀念	投資一定會獲利，不會賠錢! 此種觀念描述正確與否? ☑否 □是
商品理解(**可複選**)	何種理財商品，其價值會隨市場漲跌而波動? □共同基金□投資型保單☑上市上櫃股票
投資理財資訊來源(**可複選**)	☑親友建議☑理財專員/金融機構□報紙雜誌□電視廣播□網路□自行判斷□其他＿＿＿＿
喜好之基金類型(**可複選**)	☑債券型 □平衡型☑股票型 □區域型 □組合型 □單一國家或單一產業型
喜好基金投資方式(**可複選**)	☑單筆投資☑定期定額
基金投資地區喜好(**可複選**)	□台灣□中國大陸□日本□亞洲□美國□歐洲□新興國家☑全球□其他＿＿＿＿

【第四項】自然人理財性向（請單選）

自然人填寫

【5】1.您的年齡為：①71歲以上 ②66~70歲 ③56~65歲 ④41~55歲 ⑤40歲以下

【4】2.您的教育程度為：①國小（含以下）②國中 ③高中（職） ④專科/大學 ⑤碩士/博士

【3】3.個人/家庭年收入：①70萬以下 ②71~120萬 ③121~220萬 ④221~300萬 ⑤300萬以上

【5】4.投資理財資金來源：①退休金 ②薪資收入 ③儲蓄 ④投資收入 ⑤閒置資金

【3】5.投資盈虧對於您基本生活需求之影響： ① 高 ② 中高 ③ 中 ④ 中低 ⑤ 低

【1】6.您目前投資的資產中（不包含自用房地產），約有多少比例是持有股票及其相關商品含股票型共同基金：
① 20%以下 ② 20% ~ 30% ③ 31% ~ 40% ④ 41%~50% ⑤超過 50%

【2】7.已有多長時間的投資經驗：
①一年以下 ②一年以上~三年(含) ③三年以上~五年(含) ④五年以上~十年(含) ⑤十年以上

【2】8.在一般的情況下，您可接受的價格波動程度介於下列哪個範圍？
① ±5%之間 ② ±10%之間 ③ ±15%之間 ④ ±20%之間 ⑤超過 ±20%

【3】9.您預計的基金投資期間為：①六個月 ②六個月~一年(含) ③一年~三年(含) ④三年~五年(含) ⑤五年以上

【 28 】**合計總分**：將以上各題答案加總即為總分，答案為〝1〞則得1分，答案為〝2〞則得2分，…依此類推。並請依以下分數屬性級距勾選您的風險屬性：

□ 14 分或以下：**您屬於保守型投資人（低風險承受度）**

□ 15分～22 分：**您屬於穩健型投資人（中風險承受度）**

☑ 23 分或以上：您屬於積極型投資人（高風險承受度）

各類型投資人可投資之基金詳如附表一

註：依法令之規範，本公司之銷售人員，辦理基金銷售業務時，對於明知已屬明顯弱勢族群之投資人，包括年齡為70歲以上、教育程度為國中畢業(含) 以下或有全民健保重大傷病證明等，不主動介紹屬高風險之基金產品。

富蘭克林華美投信

客戶投資適性分析暨風險預告書（適用於自然人）-填寫範例

富蘭克林華美投信獨立經營管理 106 台北市忠孝東路四段 87 號 12 樓 電話:(02)2781-9599 傳真:(02)2781-8299 網址:http://www.FTFT.com.tw

【第五項】法人理財性向（請單選）【專業投資機構免填】

法人填寫

【　】1.公司年營業額：①10 億以下②10 億以上~20 億③20 億以上~50 億④50 億以上~100 億⑤100 億以上

【　】2.公司投資資金來源：①短期停泊資金　②中期停泊資金　③營業收入　④投資收入　⑤閒置資金

【　】3.投資盈虧對於公司財務狀況之影響：①高　②中高　③中　④中低　⑤低

【　】4.公司目前投資的資產中（不包含自用房地產），約有多少比例是持有股票及相關商品含股票型共同基金：
①20%以下　②20%~30%　③31%~40%　④41%~50%　⑤超過 50%

【　】5.公司已有多長時間的投資經驗：
①一年以下　②一年以上~三年(含)　③三年以上~五年(含)④五年以上~十年(含)　⑤十年以上

【　】6.在一般的情況下，貴公司可接受的價格波動程度介於下列哪個範圍？
①±5%之間　②±10%之間　③±15%之間　④±20%之間　⑤超過 ±20%

【　】7.公司預計的基金投資期間為：①六個月　②六個月~一年(含)③一年~三年(含)④三年~五年(含)⑤五年以上

【　】**合計總分**：將以上各題答案加總即為總分，答案為〝1〞則得 1 分，答案為〝2〞則得 2 分，…依此類推。並請依以下分數屬性級距勾選　貴公司的風險屬性：

☐ 9 分或以下：**貴公司屬於保守型投資人（低風險承受度）**

☐ 10 分～14 分：**貴公司屬於穩健型投資人（中風險承受度）**

☐ 15 分或以上：**貴公司屬於積極型投資人（高風險承受度）**

各類型投資人可投資之基金詳如附表一

客戶投資屬性(以下欄位由本公司業務人員填寫)　業務人員簽署＿金大丹＿＿＿＿

投資風險承受度	☑高（積極型）　☐中(穩健型)　☐低(保守型)　**(其他備註說明:＿＿＿＿＿＿)**

風險預告書

基金之交易特性與存款、股票及其他投資工具不同，台端/貴機構於開戶及決定交易前，應審慎評估本身之財務狀況與風險承受能力是否適合此種交易，並充分瞭解下列事項：

一、基金之買賣係以台端/貴機構之判斷為之，台端/貴機構應瞭解並承擔交易可能產生之損益，且最大可能損失達原始投資金額。

二、基金經金管會核准，惟不表示絕無風險，本公司以往之經理績效不保證基金之最低投資收益，本公司除盡善良管理人之注意義務外，不負責基金之盈虧，亦不保證最低之收益，台端/貴機構申購前應詳閱基金公開說明書。

三、基金交易應考量之風險因素如下：

(一)投資標的及投資地區可能產生之風險：包括但不限於市場（政治、經濟、社會變動、匯率、利率、股價、指數或其他標的資產之價格波動）風險、流動性風險、信用風險、產業景氣循環變動、證券相關商品交易、法令、貨幣、流動性不足等風險。

(二)因前述風險、受益人大量買回或基金暫停計算買回價格等因素，或有延遲給付買回價金之可能。

四、基金交易係以長期投資為目的，不宜期待於短期內獲取高收益。任何基金單位之價格及其收益均可能漲或跌，故不一定能取回全部之投資金額。

五、基金不受存款保險、保險安定基金或其他相關保障機制。

六、如因基金交易所生紛爭，受益人可向中華民國證券投資信託暨顧問商業同業公會或財團法人金融消費評議中心提出申訴。

本風險預告書之預告事項僅列舉大端，對於所有基金投資之風險及影響市場行情之因素無法一一詳述，台端/貴機構於投資前除須對本風險預告書詳加研讀外，尚應審慎詳讀各基金公開說明書，對其他可能之影響因素亦有所警覺，並確實作好財務規劃與風險評估，以免因貿然投資而遭到難以承受之損失。

受益人確認簽章(原留印鑑)

1.本人(本機構)瞭解基金投資之風險並做適當之風險評估，基於個人(本機構)財務規劃及理財目標仍依自己(本機構)的判斷決定申購本基金並自行承擔風險。

2.經　貴公司人員充分告知說明後，本受益人茲聲明已經詳細閱讀了解及確認本「客戶投資適性分析暨風險預告書」所有全部內容(含附表)，並已如實回答相關問題以完成此等投資適性分析；依此投資適性分析結果，本人確已知悉自身風險屬性以及該屬性適合投資之基金類別，爰依受益憑證事務處理規則規定之「原留印鑑」蓋用本受益人之「原留印鑑」於下方，佐茲前述聲明無訛。正本交付　貴公司存查，並已自行留存影本。

陳玲克印 ← 該印鑑請與受益人開戶印鑑卡暨交易約定書之原留印鑑相符

【未成年人請加蓋法定代理人雙方之印鑑，受輔助宣告之人，應加蓋輔助人之印鑑】

主管：		覆核：		經辦：	

注意事項：若客戶投資適性分析表，所填資料與所附證明文件不符或勾選項目遺漏未勾選，則富蘭克林華美投信得依所附之證件建檔處理並得再以電話與申請人進行確認。

第二頁，共二頁　201401

資料來源：取材自富蘭克林華美投信「客戶投資適性分析暨風險預告書」，https://www.ftft.com.tw/Upload/InvestmentTrustFundTransactions/FT/03s.pdf。

網搜尋其他公司的相關資料，這是主管機關要求填寫的制式表格，基本上大同小異。

這份表格分為幾個部分：

1.個人資料：如姓名、教育程度、婚姻狀況、職業類別、財務收入狀況、投資目的等等。
2.基金偏好：喜歡的基金類型、地區、投資方式等等。
3.理財性向：投資資歷、股票型基金比重、投資方式（單筆或定期定額）、承受的價格波動程度（也就是前面提到的標準差）、預計投資時間等等。

在理財性向中每一個問題都有一個分數，將其分數加總，十分以下屬於保守型投資人（也就是低風險承受度）；十一至二十分屬於穩健型投資人（中風險承受度）；二十一至三十三分屬於積極型投資人（高風險承受度）。知道自己的分數，也就知道自己「目前」是屬於哪一種投資人。（請注意「目前」這二個字，這在後面會為讀者解釋不要用目前來評估自己。）

除了投資人的屬性之外，主管機關為了讓投資人很快瞭解不同基金的風險差異，也將大多數的投資商品作了風險收益等級（risk return, 簡稱RR）的分類。按照各投資標的之風險屬性和投資地區的市場風險狀況，由低至高，區分為RR1、RR2、RR3、RR4、RR5五個風險等級。（見**表四**）

表四　投資商品的風險收益（RR）分類

風險等級	RR1	RR2	RR3	RR4	RR5
投資風險	低	中	中一高	高	很高
年化波動度（標準差）	≦10%	10%至20%	20%至30%	30%至40%	≧40%
投資	■以追求穩定收益為目標，通常投資於短期貨幣市場工具，如短期票債券、銀行定存。 ■投資等級波動極小，但並不保證本金不會虧損。	■以追求穩定收益為目標，通常投資於已開發國家政府公債或國際專業評等機構評鑑為投資級（如史坦普評等BBB，穆迪評等Baa以上）之已開發國家公司債券。 ■也有價格下跌之風險。	■以兼顧資本利得及固定收益為目標，通常同時投資股票及債券、或投資於較高收益之有價證券。 ■也有價格下跌之風險。	■以追求資本利得為目標，通常投資於已開發國家股市，或價格波動相對較穩定之大區域內多國股市。 ■可能有很大價格下跌之風險。	■以追求最大資本利得為目標，通常投資於積極成長類股或波動風險較大之股市。 ■可能有非常大之價格下跌風險。
主要產品類型	貨幣型	■全球、已開發國家政府公債 ■已開發國家之投資等級公司債券 ■投資等級金融債	■一般公用事業、電訊、醫療健康護理類股 ■股債平衡型 ■已開發國家公司之高收益、可轉換債券 ■新興市場債券 ■非投資等級金融債	■全球型股市 ■已開發國家單一股市 ■已開發國家之區域型股市 ■區域或單一國家高收益、可轉換債券 ■全球、已開發國家不動產證券化	■新興市場區域或單一國家股市 ■黃金貴金屬 ■新興市場產業類股 ■店頭市場股市 ■區域或單一國家不動產證券化

註：「年化波動度」、「投資目標」和「主要基金類型」的內容參考自多家銀行及基金公司的公開資料說明。

好了，有了投資人的風險屬性分類，以及投資商品的風險收益等級，接下來的動作是多數人的直覺反應：

表五　投資人風險屬性與投資商品

投資人屬性	投資風險	適合的投資商品
保守型投資人	低—中	■貨幣型 ■全球、已開發國家政府公債 ■已開發國家之投資等級公司債券 ■投資等級金融債
穩健型投資人	中—高	■一般公用事業、電訊、醫療健康護理類股 ■股債平衡型 ■已開發國家公司之高收益、可轉換債券 ■新興市場債券 ■非投資等級金融債
積極型投資人	高—很高	■全球型、已開發國家股市 ■區域或單一國家高收益、可轉換債券 ■新興市場區域、單一國家或產業類股 ■黃金貴金屬 ■店頭市場股市 ■不動產證券化

表五的分類是一種心理反射，「保守型投資人」適合低風險的商品、「積極型投資人」適合高風險商品。這種想法嚴格來說並不能算錯，真要這麼做也不是賺不到錢。只是這樣的想法會衍生出二個問題：

1.保守型投資人有沒有可能賺到高報酬？還是只有積極型投資人才有機會？

2.保守型投資人有沒有投資高風險性商品的機會？積極型投資人有沒有投資低風險性商品的可能？

從心理反射的角度來看，保守型投資人幾乎不大可能投資RR5（標準差大於40%）的商品，原因很簡單，因為商品本身的風險高於投資人的承受能力。可是，本章前面在介紹風險時曾提過，投資商品的風險是過去的價格波動，風險高低和投資虧損是二件事，「風險愈高，虧損愈大」其實是一種錯誤的認知。**投資人的所謂「積極、穩健、保守」指的應該是承擔本身投資「虧損」的容忍度，而不是商品的「風險」波動程度。**

重複一句前面曾提到的話：**「投資會不會出現虧損，往往和資產本身風險高低的關係不大，而和投資人的個性有關。」**

試想一種情景：當RR5的新興市場股票跌到爹不疼娘不愛，沒有人在談論投資新興市場股票時，經驗和歷史都告訴我們，底部已經不遠了。在虧損機率大幅縮小時，保守型投資人能不能放一部分資金在這種高風險商品上呢？意思是，身為投資人的你，這時得評估一下你的虧損承受度有多深，再來對接近底部的這檔投資商品決定你的風險接受度，也就是你能不能嘗試這個風險，並預估投入金額的比重多寡，你是你，商品是商品，可別混淆了。

◎不同的你有不同的風險屬性

你就是你，怎麼會有不同的你？

不相信？我舉個例子。

在前面「客戶投資適性分析暨風險預告書」範例中，有一項「投資理財的目的」。選項包括節稅、購屋準備、創業基金、子女教育、退休準備等等。當然可能還有其他目的，像是留／遊學基金、購車準備、長期旅遊基金等等。

先問一個簡單的問題：如果你今天開始投資理財，你的投資目的是什麼？

先說好，「賺錢」不是投資的目的，賺錢是結果，是達到投資目的的方式，賺錢不應該是投資理財的目的。對這句話你可能會覺得很奇怪，不賺錢我投資做什麼？請再看下去，就會明白為何我說：「賺錢是達到投資目的的方式。」

再問一個問題：你有沒有可能同時有二個以上的投資目的，好比想累積遊學基金和購屋準備？

有可能吧，再接著問下去：這些投資目的需要的時間相同嗎？

通常不會相同。遊學基金也許要三至五年，購屋準備金可能得長一些，可能要五至八年，如果是存退休金，那可是數十年的長期抗戰。

那麼，三至五年要累積一、二十萬，和五至八年要累積三、四十萬，以及三十年累積數百萬、上千萬，難道都只適用同一種風險屬性？別忘了在1%的利率環境中，資產翻倍得花上七十年的例子，如果定位自己只是一個極為保守的存款族，那豈不是永世都不得翻身？

很可惜的是，在大部分金融機構的「客戶投資適性分析暨風險預告書」中，「投資目的」都只是屬於個人資料的選項。不管勾選哪一個，甚至複選好幾個，都和下面計分的理財性向無關。因此，「投資目的」和「風險屬性」是脫鉤的，「購屋」和「創業」、「子女教育」和「退休」，測驗出來的風險偏好都會是同一種。

事實是，不同的投資目的、不同的投資時間長度，都應該有不

同的風險屬性。投資人必須瞭解這個觀念。

舉例來說，假設一個上班族，每個月打算存三千元進行投資，三年後想累積十五至二十萬元出國遊學。這筆相當於年複合報酬率23.8%至46.9%的投資規劃[5]，全世界絕大部分的專業投資經理人都會視之為極高的挑戰。除了得具備相當高的投資靈敏度，投資行為上也需要較為積極，另外，勢必得選擇波動性大的投資標的，如此一來才有可能創造較高的獲利。

除了達成高報酬率本身就有難度之外，僅三年的時間壓力也讓人在投資行為上不得不做出較為積極靈敏的選擇。各位必須瞭解，**時間往往是影響投資行為的主要因素**，當你選擇的是短時間的績效壓力，通常也代表了你必須花更多的心力在標的選擇與進出時間點的交易決定上。因此，除非不得已，或是對自己的時間規劃和選股功力很有信心，一般我會建議投資人儘量避免過短、報酬率過高的投資目標。

如果這樣的報酬目標實在難以達成，有一些方式可以減輕投資績效的壓力。例如延長投資的時間，像是從三年延長為四年；或是降低目標金額，從十五至二十萬略降為十二至十八萬元；還有可以增加每個月的投資金額，在上面的例子中，如果每個月投資金額從三千元稍微增加到三千五百元，整個投資規劃的預定年複合報酬率就立刻降為12.6%至34.5%，績效壓力立刻減輕。

---

[5] 計算每月投入三千元，三年後本息共十五至二十萬元時，年複合報酬率在23.8%至46.9%之間。讀者可運用Excel軟體的公式（IRR）輔助試算。

再舉一個更長期的例子：假設你計劃十年後要買房，目標是存自備款一百萬元，目前手上有十萬元，且打算每個月固定投資三千元。這樣的投資目標相當於年複合報酬率12.4%的計劃[6]，有點難度，但也不是不可能。

由於是長時間的投資，定時定額有比較充裕的時間有效降低成本，因此在初期心態上可以積極一點，像是選擇風險性較高的商品，勇敢向下承接，讓時間去累積投入的資金，同時壓低成本。但愈接近到期日，投資行為反而應該愈保守，像是把資金逐漸移往風險性低的資產，也更要「見好就收」。

最後，再強調一次，**「投資時間」和「投資目標」才是決定你「應該」是哪一種風險屬性的投資人，而不是「目前」**。至於操作習慣因人而異，在下一章我們將會替讀者找到，因為操作習慣才會決定你「本來」是屬於哪一種投資人。

[6] 同樣用EXCEL的財務公式（IRR）計算，起初本金有十萬元，每月再投入三千元，十年後本息共一百萬元時，年複合報酬率在12.4%左右。

投資理財必備技能 II：操作篇 理財從瞭解自己開始，先搞清楚自己的投資類型吧！

在上一章中我們介紹了投資理財的觀念篇，十分重要，請大家務必多看幾遍。

在本章我們將化觀念為行動，讓大家從操作模式中更認識自己，清楚自己是屬於何種風險屬性的投資人，與適合哪一種性質的投資商品。

坊間的投資書籍中，提到實際操作，有些教大家如何分析公司財務報表、獲利能力、產業前景；有些會從線圖、走勢、指標當中教大家如何選飆股；有些會介紹模型化投資，讓公式取代人心作規律性的投資。這些林林總總的方法和技巧都可以學習，也都有用。但是也因此讓人產生一種感覺：投資就是學方法、練技巧，然後快速致富。

快速致富並不是不可能，有人就是做到了。如果你們立志成為一個專業投資人，每天花比一般人數倍的時間在研究分析，快速致富的機率自然會高一些。但是，我相信大多數的你們還是有其他的

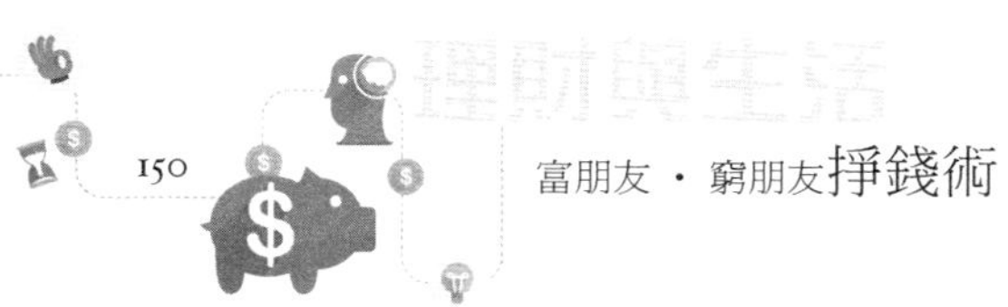

規劃和夢想，從事各行各業，「專業投資人」只是眾多工作中的一項。而且「專業投資人」這份工作，沒有勞保、沒有健保、沒有退休金，並且有可能出現虧損，「職業風險」其實不小，不應該是每個人畢生的志業。

再說，對大多數非專業的投資人來說，太多的短期進出規則、指標反而成為一種負擔。除了經常性的調整投資心情，投資績效壓力也變得如影隨形，更重要的是，每次買賣進出都要付出交易成本，包括交易稅、手續費、管理費、保管費等，累積下來也很可觀。

因此，本章所要介紹的操作，是上一章投資人風險屬性的延伸，不同想法、不同風險偏好的人，即使面對同一個市場，同一種商品，操作上也應該會有不同的模式。某種絕招和秘笈，應該只適合某一種類型的人才對，不會是「一樣米養百樣人」。

＊‖投資時點決定你的風險偏好

各位如果有仔細讀過前一章，應該會抓到一個重點：投資人的所謂「積極、穩健、保守」指的是承擔本身投資「虧損」的容忍度；換句話說，投資人的「積極、穩健、保守」指的是投資行為；而投資商品風險的「高、中、低」是指價格波動，和投資人的投資行為並不相同。

有了這層觀念，第六章**表五**的排列方式將會有所改變。保守型投資人不會只限於低風險的商品、穩健型投資人不會只能買中度風險的商品、而積極型的投資人也未必只會在高風險商品中挑選。更簡單地說，**任何一個投資人都能投資任何一種商品**。如此一來，每個人的投資選項就突然增加許多，說真的，這才是正常的現象。

不過，這樣又延伸出下一個問題：如果每個人都能投資每一種商品，那所謂「積極、穩健、保守」投資人之間有什麼差異？

在投資的方法論上，一個成功的投資，往往有二個重要的關鍵要素：一為選擇標的（selection）；二為投資時點（timing）。股神巴菲特人人敬重，他的投資秘訣總結來說也在「慎選投資標的」和「選擇適當時機」之間拿捏。如果投資標的對大多數人的風險屬性差別沒有那麼巨大，那麼投資人的風險屬性差異性，就會表現在「投資時點」上面。

投資人之間風險屬性的差異，往往在於他們投資時點，而不是選擇的商品。

我們舉一個例子來說明：

MSCI全球指數（MSCI World Index）是全球股市最具代表性的指數之一，從商品的風險收益（RR）分類來說屬於高風險性（RR4）。

各位讀者可以開始想想，假設自己面對某投資標的，**圖一**是其某一段時間的價格走勢，當遇到A點這個價位時，若手中有閒錢，是會買進？還是觀望？

不管你的選擇是買進還是觀望，過了一段時間之後，很不幸地大環境持續惡化，投資人信心愈來愈弱，紛紛賣出手中資產套現，股價進一步探底，到了如**圖二**的B點。

圖一　MSCI全球指數一

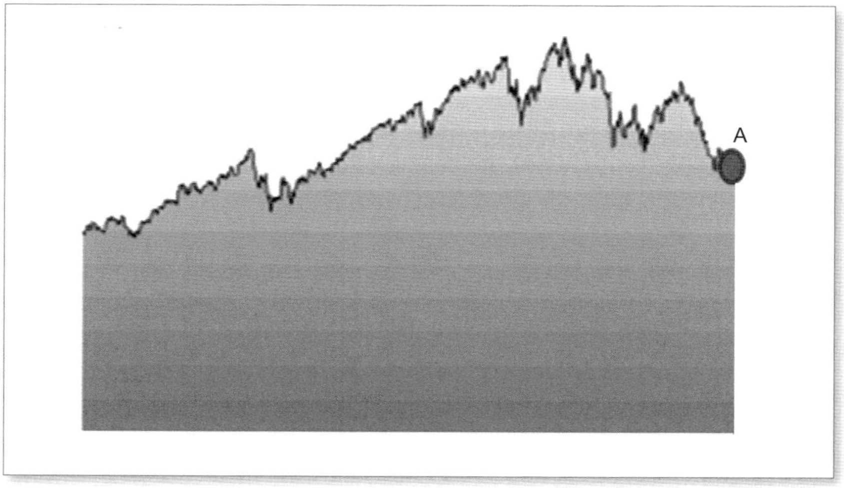

資料來源：彭博資訊（2017）。

圖二　MSCI全球指數二

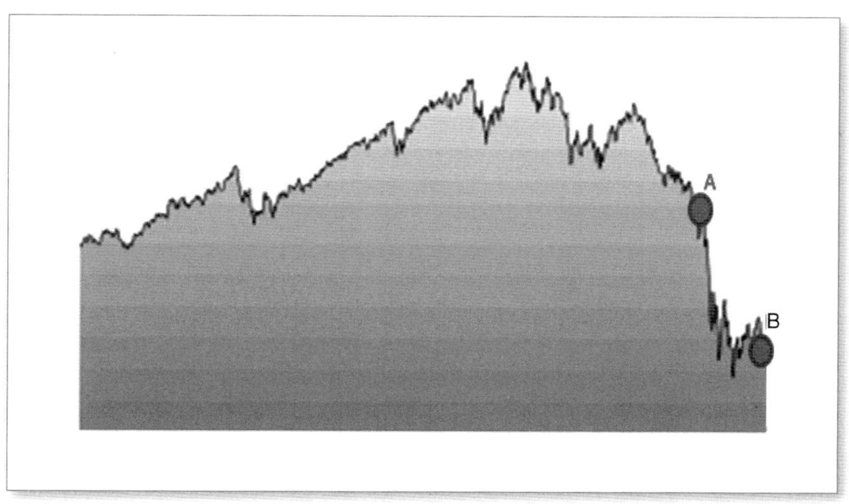

資料來源：彭博資訊（2017）。

在**圖一**選擇在A點進場投資的讀者們，這時可以再問問自己，當價格走到B點時，你的決定是再買進攤平成本？賣出停損？還是維持既有的部位，按兵不動？

而在**圖一**選擇觀望的讀者們，請問這時候會出手進場？還是再繼續觀望？

這些假設性的投資行為並沒有真正拿出資金，也都沒有標準答案，各位讀者無需在乎做出決定後是否有賺錢。記住，到目前為止，「賺錢與否」還不是重點。

到**圖二**為止，已經延伸出不少種可能的行為模式，我們整理一下如**圖三**：

圖三　投資行為樹狀圖一

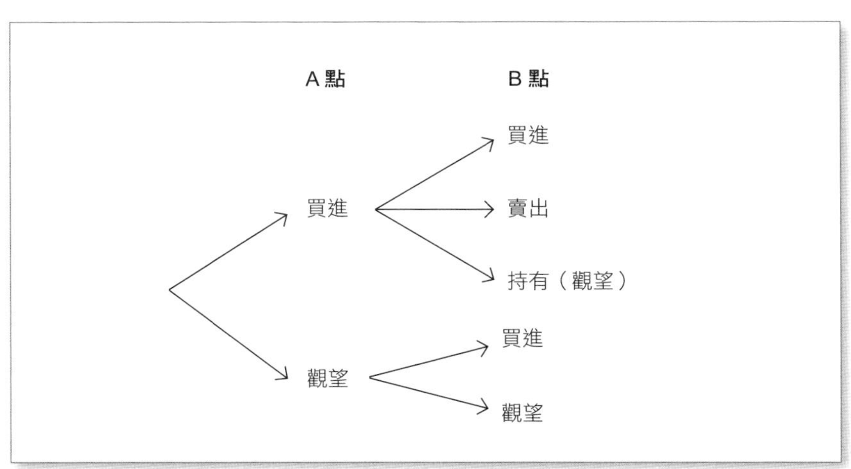

如果到這裡各位讀者可以瞭解，接下來會再複 雜一點。又過了一段時間後，MSCI World Index又有了變化，見**圖四**：

圖四　MSCI全球指數三

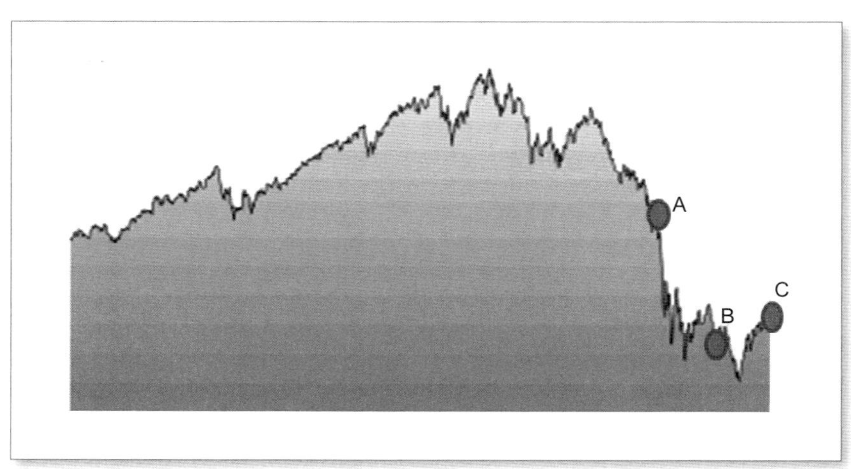

資料來源：彭博資訊（2017）。

此時金融市場經過劇烈震盪後，漸漸恢復平靜，經濟狀況雖未好轉，前景不明，有可能還會惡化，但政府和中央銀行已擬出因應對策，支撐著下滑的經濟。股票市場已反應了投資人的悲觀情緒，以及對未來的不確定性，反而開始出現谷底回升的現象，如C點。

各位讀者，無論你在B點時選擇的是哪一個對策，到了C點時請問問自己，這時候你的投資決定是什麼？

無論你的決定是什麼，**圖三**的樹狀圖可以進一步再畫下去（見**圖五**）：

圖五　投資行為樹狀圖二

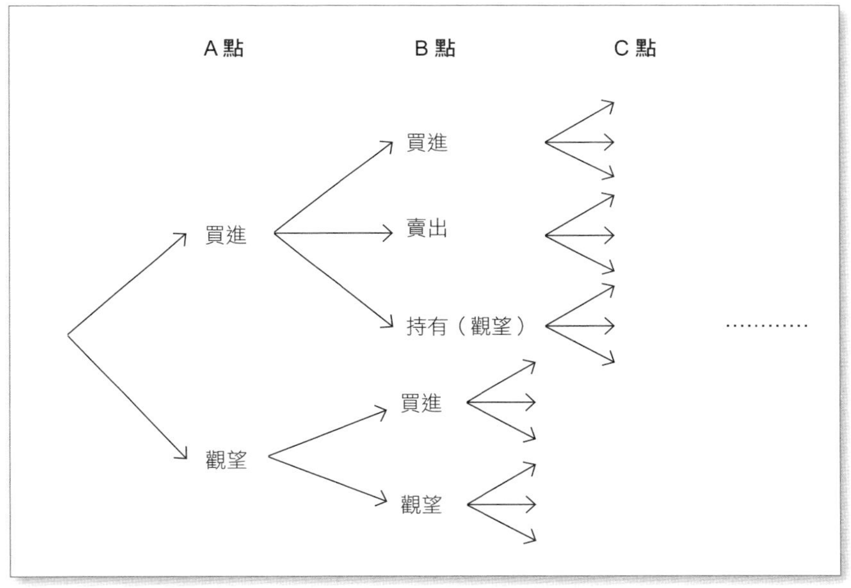

隨著時間的推移，這個樹狀圖可以無限量地畫下去。如**圖六**，股市持續回升，在A、B、C三點都沒有進場的投資人，會不會到了D點覺得安心多了才進場？

大多數人在面臨投資決策時，焦點都集中在某個投資商品的特性上，它過去的表現如何？風險高不高？目前價位多少？未來前景怎樣？充分瞭解商品當然很重要，也很必要，但多數的投資決策研究到此就驟然而止，投資人自己的風險屬性和這個投資商品之間

圖六　MSCI全球指數四

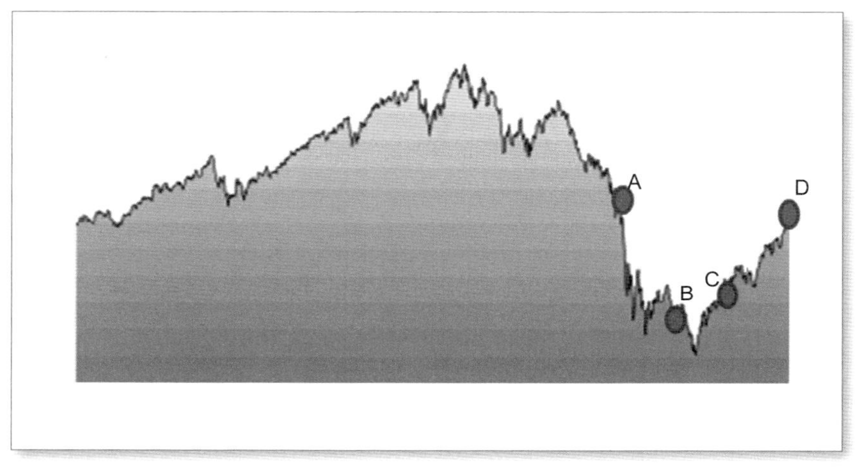

資料來源：彭博資訊（2017）。

卻沒有聯繫，自己要不要選擇它、要怎麼投資它、什麼情形下會進場、什麼情況下會出場，通常沒有被討論，一切都被「是否會賺錢」一言以蔽之。賺錢與否需要的是判斷、預測、運氣，甚至帶些賭博的成分。投資人一旦未能掌握自己到底是什麼樣投資類型的人，這些分析跟預測很容易被成千上萬的市場訊息左右，投資行為也會跟著市場起伏變得搖擺不定。最後賺錢與否反而容易受運氣所決定。

MSCI全球指數在分類上算是高風險的，但並不代表只適合風險屬性高的投資人。當價格到達A點時就勇於進場的人算是較為積極型的，能承受較大的帳面損失，因此當價格跌到B點時不但不會認賠出場，反而可能會加碼攤平，以求降低成本，在未來可能出現的回升中才會獲利；穩健型的投資人在A點的初跌期不大會進場，比較可能會在價格跌了一大段，未來的下跌風險可能有限的B點時進場，更穩健的投資人有可能會等到價格開始回升後的C點才進場；至於要等到價格確定回升了之後，市場氣氛不再悲觀，甚至有點樂觀的D點才進場的，應該屬於保守型的投資人。

買進是如此，賣出亦然。如果拿前面MSCI全球指數的例子再看下去，全球股市的確後來逐步回升，那麼，不同風險屬性的投資人，會在什麼時點獲利了結？（見**圖七**）

如果依照投資收益最大化的角度來看，無論哪一類型的投資人，無論在哪個時點買進，最好都在接近最高點的a點賣出。這是大多數投資分析或建議都會做的，也就是預測價位和時點。

圖七　MSCI全球指數五

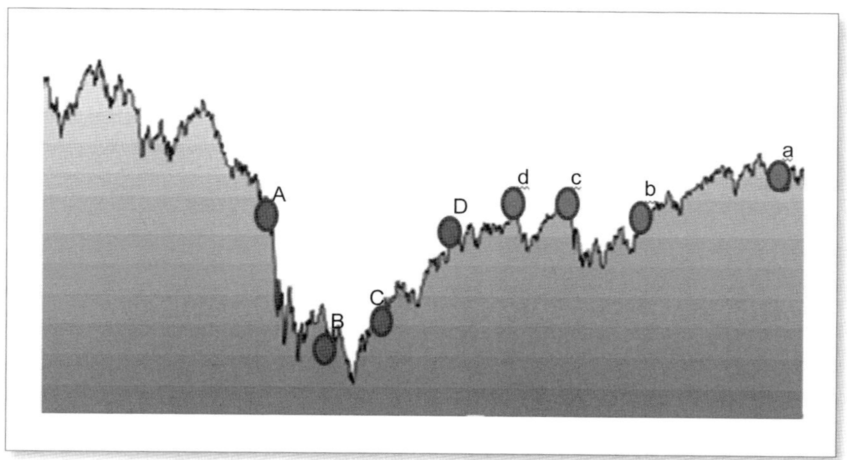

資料來源：彭博資訊（2017）。

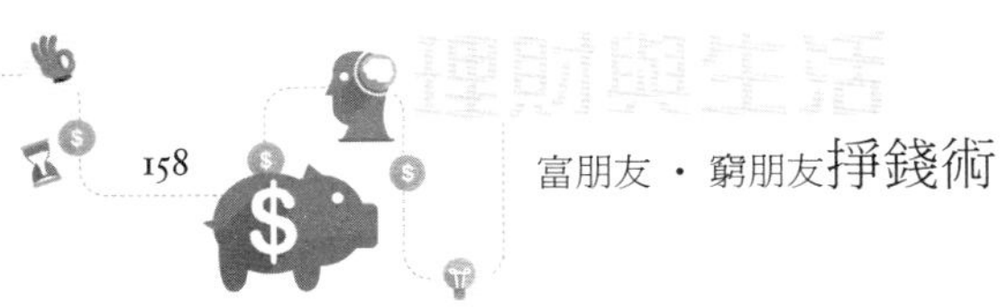

不幸的是，這個世界上沒有人手中有水晶球，可以預知未來的價格。大多數的分析和預測都是基於一些特定的假設，未來的狀況其實是瞬息萬變，不可能有人能每次命中。二〇一六年出現了不少黑天鵝，英國在一片不會脫歐的預期中脫歐，川普在所有人不看好的情況下勝選，就是最好的例子。這些分析當作投資判斷的參考可以，倒沒有必要以此為師。什麼時候賣，就跟什麼時候買一樣，是和每個人的風險屬性有關。

在D點才進場的保守型投資人，對市場波動的抗壓性其實是有限的，只要有一定的獲利就會想落袋為安，而愈漲就會愈想賣出。因此，從出現一點獲利的d點開始，保守型投資人就有可能開始賣出。B點或C點進場的穩健型投資人，則會希望有一個明顯的獲利空間才會開始獲利了結，像是b點和c點。至於積極型的投資人，承受波動的能力最大，希望獲利空間愈大，往往在價格過了波段高點開始回落的a點才會開始出清手中的部位。

前面舉的例子是賺錢獲利的例子，如果舉一個賠錢投資的例子也可以看出不同風險屬性投資人的行為差異。

拉丁美洲股市一度是極受到國內投資人歡迎的投資地區，在風險收益（RR）分類來說屬於最高的RR5等級，除了本身經濟狀況起伏大、政治對金融深具影響之外，外資進出往往也成為價格劇烈波動的主要原因。

以巴西、墨西哥為首的拉美股市，二〇〇〇年以後遇上了新興市場快速成長、中國對原物料需求大增的帶動下，股市出現暴

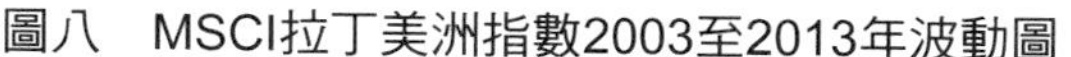
圖八　MSCI拉丁美洲指數2003至2013年波動圖

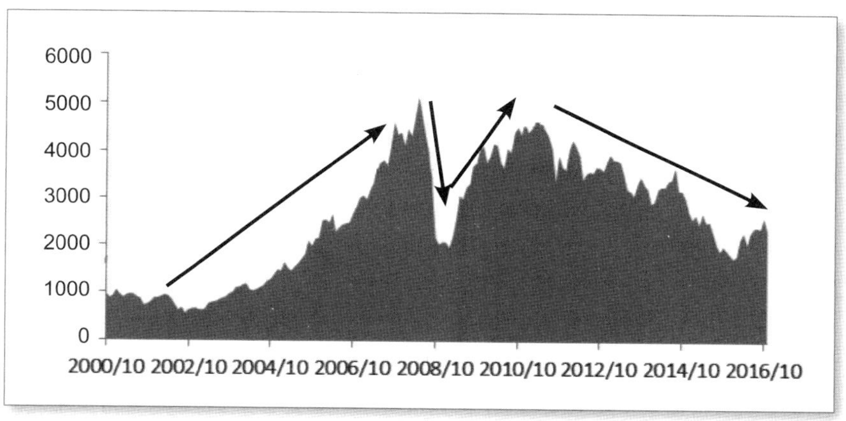

資料來源：彭博資訊（2017）。

衝般上漲。MSCI拉丁美洲指數從二〇〇三年六月底的低點，至二〇〇八年五月底一度攀到五一四八・八七點，短短不到五年的時間暴漲五・四三倍。然而經過二〇〇八年九月的雷曼事件後，全球性資金乾涸，股市一路狂瀉，至二〇〇九年二月底時，指數狂跌到一九六二・五〇點，九個月間跌幅高達62%！隨後以美國為首進行量化寬鬆（QE）[1]，全球央行開始印鈔救經濟，股市有活水挹注快速反彈。拉美股市也出現快速回彈，到了二〇〇九年底，MSCI拉美指數回到四一六六・七四點，十個月間波段漲幅一・一二倍。二

[1] 量化寬鬆（Quantitative Easing, QE），美國聯邦準備理事會（美國中央銀行）於二〇〇八年推出的政策，以購買美國公債的方式增加鈔票發行，挽救當時低迷的景氣。二〇一〇年十一月執行第二次，二〇一二年九月又進行第三次，每月買進四百億抵押貸款債券；同年十二月十二日更宣布每月再買進四百五十億美元長天期公債，直到二〇一四年底才停止其購債的行動。

○一○年後，歷經美國經濟衰退、歐債危機、中國成長降溫，全球經濟愈見疲軟。拉丁美洲國家經濟也出現了停滯，股市一路盤跌到二○一六年初，總計從歷史最高點下滑66%[2]。不是「強心臟」恐怕難以承受如此巨大的波動。

雖然拉丁美洲是一個起伏如此大的市場，但依照前面的說明，這並不是高風險屬性投資人的專利，無論在哪個時間點買進都可能遇到上漲或下跌，因此即使不同風險屬性的人都可以投資，唯有進場時點可能不同。為了說明不同屬性的人的賣出點不同，我們在此先假定無論是哪一種屬性的投資人，都簡化在E點進場。（見**圖九**）

保守型投資人承受損失的空間最低，往往在價格跌破盤整區或心中所設的停損點時就會賣出，停損點通常不會太大，因此在下跌過程中，保守型投資人可能在e點就會認小賠出場。

積極型投資人承受帳面損失的能力要高得多，在下跌的過程中不但不會停損，反而有可能加碼攤平，將成本壓低，到價格反彈時損失自然縮小，甚至有可能出現獲利。積極型投資人會將價格走勢列為進出的依據之一，而不會只看自己設的停損點。如果價格反彈無力，遇到壓力就回檔，就會在反彈一段過後認小賠出場，如h點。如果價格反彈有力，非但不會出脫部位，反而可能追高加碼。

穩健型投資人的賣出時點最為難測，這類人損失承受度較保守

[2] MSCI拉美指數二○○三年六月底為八○○・一九點，二○○八年五月底為五一四八・八七點，二○一六年一月底為一七四四・○五點（計算均以月底資料）。

圖九　MSCI拉丁美洲指數（2008至2009年）

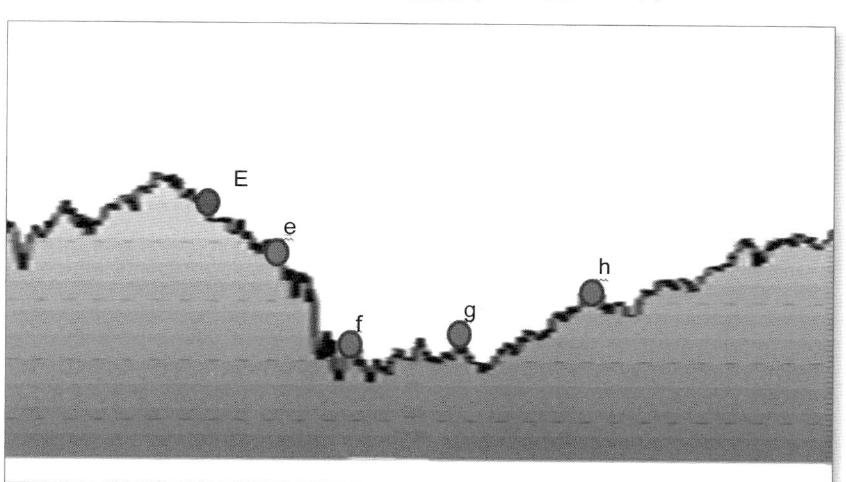

資料來源：彭博資訊（2017）。

投資人要高，但也難以抵抗市場悲觀氣氛不斷擴大，價格持續探底的壓力，向下攤平的意願有限，反而往往會在價格偏低的時候，或是在稍微有反彈的時候就急於脫手。例如f和g兩點。

從上面的說明可以看出，穩健型的投資人雖名為「穩健」，卻可能在價格下跌過程中承受最大的損失。在價格上漲時也未必有巨大的獲利。「穩健」的投資結果似乎並非如其名。有趣的是，根據一份銀行對客戶的調查報告，高達七成的客戶自認為自己是穩健性的投資人，認為自己是積極型和保守型的人不及三成，對照投資界所謂的「八二法則」，意思是絕大部分的投資人最終都是賠錢收場，僅二成左右的人會賺錢。這二件事不知是否是巧合，還是一種經驗法則。

老實說，將人的投資行為硬性分類，實在不是一件符合人性的事。每個人背景不同、需求各異、目標千奇百怪，受當時市場訊息、親友影響、理專建議程度不一，自認為保守型的投資人，也未必會依照保守型的作法。如果一個投資人在**圖七**的D點買進，在**圖九**的f點賣出，只能說這位仁兄在買進時是一個保守型，但賣出時卻是穩健型的投資人。別以為這種人很奇怪，事實上大多數的投資人都屬於這一類，買進時再三推敲，錯失良機；賣出時驚慌失措，賣在低點。這樣的例子屢見不鮮。

筆者從事投資工作十餘年來最大的心得，真正在投資中獲利的人，不是押對了哪一檔股票，或是賺了多少錢。而是經由每一次的投資決定中認識自己，確實體悟到自己不可能只受限於某一種投資行為模式中。但重點並不在於檢討自己沒有「從一而終」，而是當自己下了一個決定時，是很清楚自己是站在哪一個投資風險屬性的位置。只要「知道自己在做什麼」，長久下來會神奇地發現，獲利的機率逐漸提高，虧損的幅度慢慢降低。最麻煩的是，以為自己是個穩健型投資人，買進時卻像個保守型，追高時又像個積極型，殺低時才回到穩健型。長期下來很少會有好的投資報酬。

下面用另一個角度，說明一個人不可能只有一種投資屬性。

＊‖投資目標決定對風險的態度

相信大家都理解了「**同一個人的投資屬性，在不同時間可能會**

不同」的觀念，也瞭解投資行為才決定了一個人的風險屬性。往後各位讀者在下投資決定的時候，可以加以運用。

不過，雖然投資行為確實會因內外在環境干擾而變動，這是人性，難以避免。但實際上沒有人希望自己的投資決定這麼不穩定，買進可能是保守型，賣出又可能成為積極型。有沒有什麼方式能夠讓投資行為變得穩定？

要回答這個問題，得回到第六章，文中曾經問過各位：如果你今天開始投資理財，你的投資目的是什麼？

如果還有印象，當時舉的例子是，一個上班族有二個計劃，第一個計劃是每個月投資三千元，目的是三年後累積十五至二十萬元出國遊學；第二個計劃同樣是每個月投資三千元，目的是十年後累積一百萬元的購屋自備款。前者的預定年複合報酬率是23.8%至46.9%，後者是12.4%。

同一個人有二個以上不同的投資計劃，其實並不少見。對未來有些想法的人大多都會設定幾個短中長期的財務目標。只是，如果按照一般的投資建議，第一個計劃會選擇風險相當高的商品，像是新興市場、甚至單一國家股票；第二個計劃會選擇一些中度風險的投資商品，例如新興市場債券，或是平衡型基金。不過，如果各位讀者已經瞭解投資人的風險屬性和商品價格風險其實是二回事的話，應該不會接受這種「以投資標的來代表風險偏好」的安排，而是掌握買賣時點來表示對風險偏好的不同。

上面的二個例子差異在於投資期間的不同。同樣是每個月投資三千元，因為投資期間不同，影響預定的報酬率也會跟著不同，因此需要用不同的風險態度對待。在第一個例子中，因為投資期間僅三年，造成預定報酬率相當高，無可避免要用比較短線的態度，選擇波動性較大的標的，買賣進出頻繁一些，獲利了結的動作多一點，才能在短時間內累積資產。第二個例子的投資期間長達十年，預定報酬率因此會低一些，因此短期波動的高或低並不是決定要件，必須選擇具有長線成長題材。同時，短期帳面損失的容忍度可以提高，並且勇於向下承接，將成本壓低，以求未來在長波段的上升行情中獲利。

由此可見，同一個人的投資屬性就算可能因為環境不同而改變，但**只要設定了投資目標，投資模式也就會隨之產生，投資行為也會因而自動調整**，「捨不得停利，不甘心停損」的現象也將大為減少。因此，「設定投資目標」是投資決策的基礎準則，也是最為關鍵的步驟。

本書必須再三強調設定投資目標的重要性。因為筆者長期以來對投資人及客戶行為的觀察，許多人因為把「賺錢」當作投資的目的，在行為上才會顯得非常不穩定。美國經濟復甦、企業財務數字報佳音，心情就隨之沸騰；歐債危機擴散、美國要升息，股債市一片悲觀氣氛，賣出的念頭就蠢蠢欲動。當然，要投資理財本來就應該對國際情勢的變化有所掌握，但這並不表示投資行為得隨著事件的發生而改變。例如同樣一件歐債危機事件，希臘可能會破產，導致全球股市快速回檔修正，保守型、投資目標期間短、預定報酬率

高的投資人的確會盡可能早點停損，保留本金實力。但對於投資期間長、積極型的投資人來說，修正反而是向下承接的時機，壓低成本，等待下一波回彈。**同樣一個利空事件，對於不同投資目標的人來說，反應可以大相逕庭，投資行為上也會有極大的差異。**

「賺錢」只是實現投資目的的方式，不應該是投資目的本身。

我們再以MSCI全球指數來說明不同投資目的之間，投資行為的差異。

二〇〇八年金融海嘯的巨大危機之後的八年期間，全球股票市場基本上是上漲的，但也並不是一路長紅，中間危機四伏、暗潮洶湧。我們舉其中二件對金融市場影響甚大的事：

第一件是二〇一一年八月美國公債信用評等被標準普爾（Standard & Poor's）調降[3]，引發短期間資金大舉撤離股票及債券市場，指數大幅修正。（見**圖十**）

另一件是以希臘為首的「歐豬五國」[4]，因為本身償債能力受到質疑，市場擔心一旦國債違約，恐怕會危及整體歐元區的銀行。

---

[3] 標準普爾（Standard & Poor's）是著名金融分析機構，提供投資者債券的信用評級和金融分析研究，並編製股價指數。著名的標準普爾500指數（Standard & Poor 500 Index）即由該機構編製，代表美國前五百大企業的股價指數。二〇一一年八月五日，由於美國政府並未大幅削減預算赤字，標準普爾首次將美國的國債信用評等從最高的AAA 等級調降至次一等的AA+，結果引發一連串金融動盪。

[4] 指葡萄牙、義大利、愛爾蘭、希臘、西班牙國債比例過高的五國，二〇一〇年起這五國陸續出現償債能力問題，導致在國際債市的募資出現問題，債券資金成本的殖利率上升，持有這些國家債券的國家、機構、銀行面臨帳面虧損的風暴。「歐豬五國」一詞是美國紐約大學教授魯比尼（Nouriel Roubini）以五國的字首（PIIGS）取名。

圖十　MSCI全球指數於美債調降信評前後走勢（2011年全年走勢）

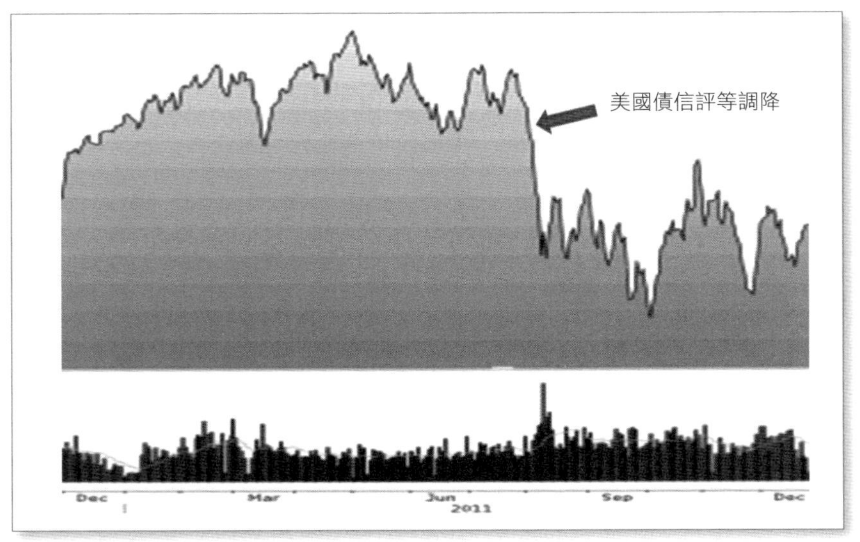

資料來源：彭博資訊（2017）。

因而分別在二〇一〇和二〇一二年的第二季造成市場的恐慌，股價也在短期內大幅修正。（見**圖十一**）

圖十和**圖十一**的確顯示出，短期間的利空和非預期事件對市場的影響。多數投資人都不願意面對短時間內資產價值縮水，因此只要有點風吹草動，往往會造成價格劇烈波動。這時候，投資目標期間短、或是預定報酬率高的投資人，大多會採取停損止血的動作，等待下一個機會進場。這種投資行為在前面已經介紹過了，這裡不再重複。這裡要強調的重點是，同樣是利空，對於長期投資目標的投資人眼中是個什麼樣的面貌。

圖十一　MSCI全球指數於歐債危機前後走勢

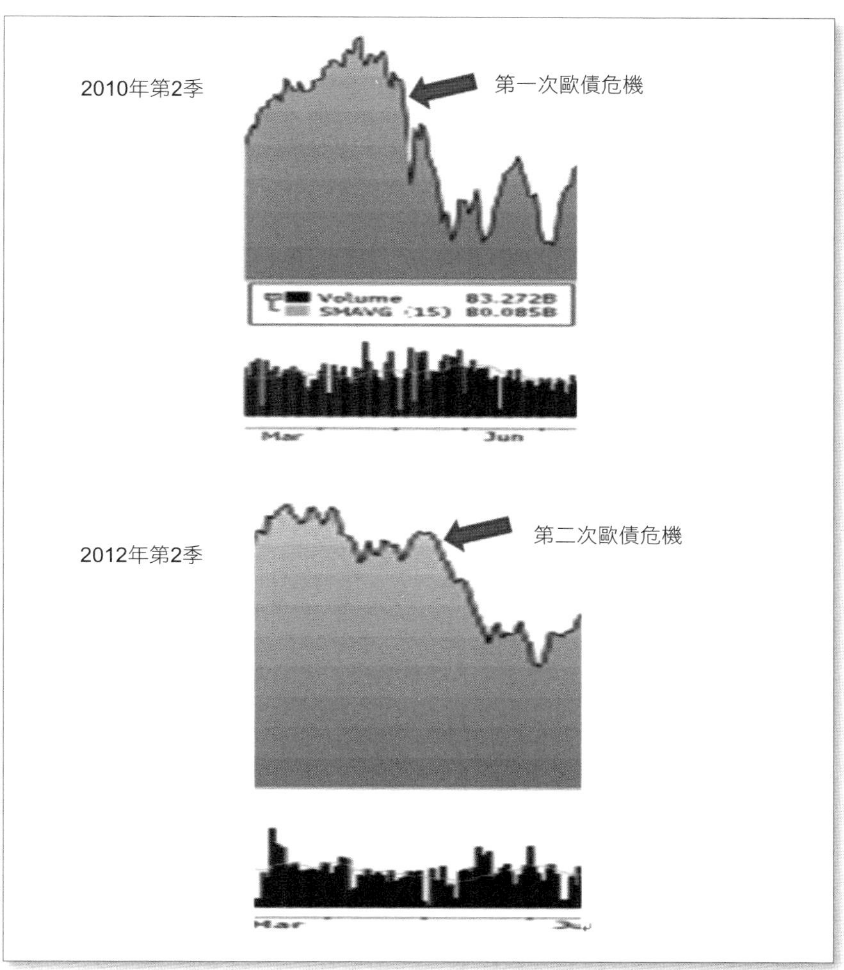

資料來源：彭博資訊（2017）。

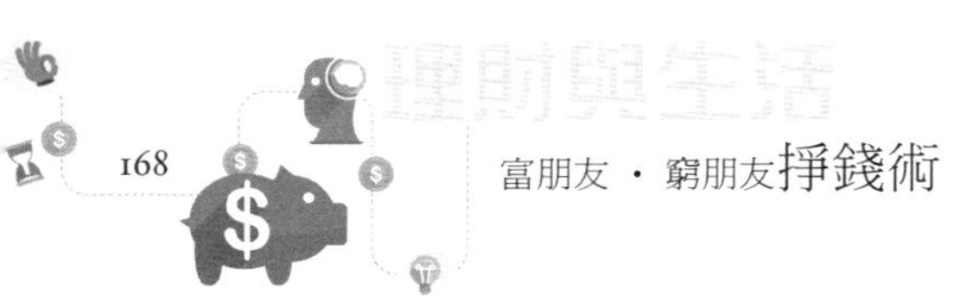

擁有長期投資目標的投資人，看到這樣的市場恐慌，價格下跌，投資反應可能會大不相同。同樣以前面MSCI全球指數為例，當二〇一一年美國公債信用評等被調降時，他們眼中看到的全球股市是如**圖十二**的樣貌。而當歐債危機達到高峰，希臘國會選情撲朔迷離，義大利、西班牙公債殖利率升破8%[5]，國際資金大幅撤離時，長期投資目標的投資人眼中看到的是如**圖十三**。

圖十二　MSCI全球指數於美債信評等調降（2011）期間的走勢

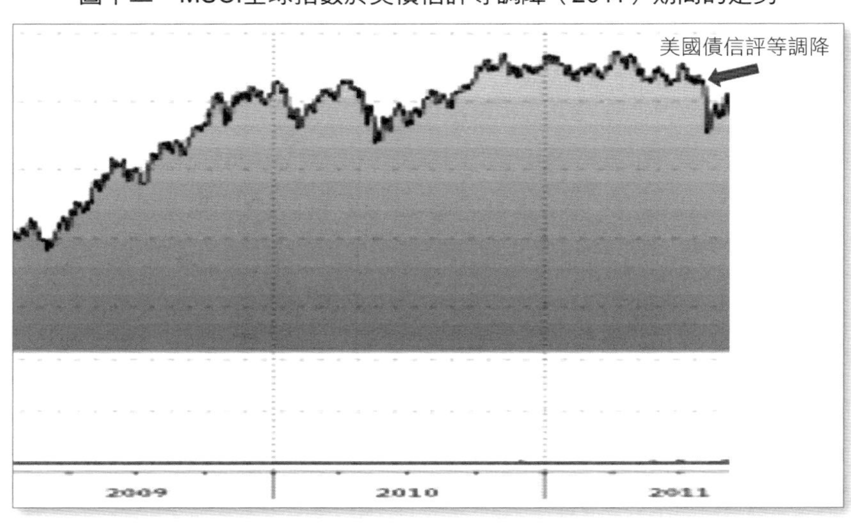

資料來源：彭博資訊（2017）。

[5] 公債殖利率愈高，表示債券投資人對未來愈不確定，因此要求更高的報酬率，通常在市場風險高時殖利率才會上升。

圖十三　MSCI全球指數於歐債危機期間走勢（2010及2012年）

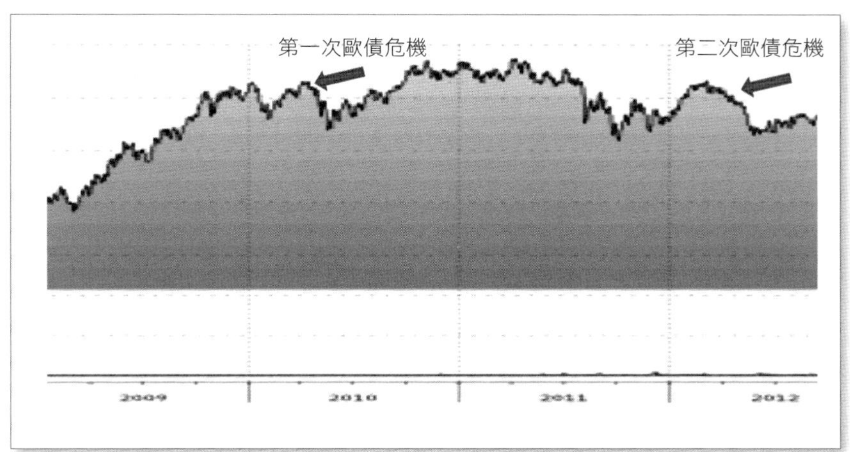

資料來源：彭博資訊（2017）。

MSCI全球指數在二〇一一年八至九月美國信評遭到調降的二個月內，大跌了16.5%[6]，在二〇一二年四至五月歐債危機高漲時，二個月內也跌掉了10.6%[7]。短期目標的投資人受限於投資期間有限，預定報酬率高，對損失必須相當敏感，必要時得保有本錢作為下一次的機會，因此可能在跌勢剛開始時就需要賣出停損；但在長期目標投資人的想法裡，雖然目標的金額不小，但投資時間夠長，沒有實現獲利的急迫性，只要投資目標本身的前景沒有出現根本性

[6] MSCI全球指數二〇一一年七月底收盤指數為三三五・九〇，二個月後九月底的收盤為二八〇・六四。

[7] MSCI全球指數二〇一二年三月底收盤指數為三三三・三〇，二個月後五月底的收盤為二九七・九八。

的改變（這得認真的去瞭解分析才行），一段時間的暴跌反而可能是長期趨勢下的修正，趁此時向下攤平，壓低成本，未來回升段才能提高總獲利。只要設定的投資目標，不管期間是長是短，金額是多是少，報酬率是高是低，對應的投資行為自然應運而生，面對突如其來、層出不窮的變化，不管是經濟衰退、物價高漲、還是恐怖攻擊、金融海嘯，也能用穩定的投資模式一直走下去。成敗的差別往往不在掌握到哪個關鍵技術指標或線型，而在於投資人自己能不能維持這個投資目標，堅持直到目標達成。

本章花了極大的篇幅向讀者們傳達一個觀念：**認清自己為什麼要投資，以及自己投資行為的位置，是相當重要的一件事。**這並不是說投資商品的選擇不重要，而是因為市面上大部分的訊息和分析，都集中在教導大家如何選擇投資哪些商品，本書已經不需要再作重複。如果只在各種消息中打滾，久而久之，追訊息、聽明牌、靠關係、研讀各種技術工具，就變成了投資的標準模式。有趣的是，即使大多數投資人按照標準模式操作時，「八二法則」依然存在，多數投資人還是很難在「股海」、「基海」當中真正賺到錢。為什麼？因為大多數人依然把「賺錢」當作投資的目的。前面說過，目的會影響投資模式和行為，當多數人的投資目的是賺錢，卻沒有太多人達到這個目的，各位可以想想這中間發生了什麼問題。

理財的三個層面：「賺錢」、「省錢」、「滾錢」，看起來銅臭味十足，其實正面的解讀是：能「賺錢」，表示自己有工作謀生的能力，能養活自己和家人；能「省錢」，表示對自己以及家人的生活有責任感，不會被慾望追著跑；能「滾錢」，表示對未來的財務目標有想法、有規劃，並且能堅持執行。如果能理解這些，接下來本書第參篇將要集這三者之大成，並期許每個人的後半輩子都過得精彩。

參 抗老・樂活

有命，也得有錢花

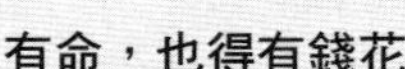

「退休問題，說穿了就是人和錢的問題！」

退休理財是人生最大的財務挑戰，也是必須的財務規劃，如果你還在期待臺灣目前的退休金架構，就必須知道我們正在面臨改變，在「少領、多繳、延退」的趨勢下，你還能依賴它嗎？

「有命，也要有錢花」是退休投資理財的終極目標，「人在天堂，錢在銀行」固然令人沮喪，「有命活，沒錢花」更讓人難受。至於要多有錢，有多少錢，本篇會在方法上提供一些輔助。

瞭解自己的投資屬性，還得對投資商品有所認識，就從現在開始規劃起，算算得為自己的退休投下多少預備金吧！

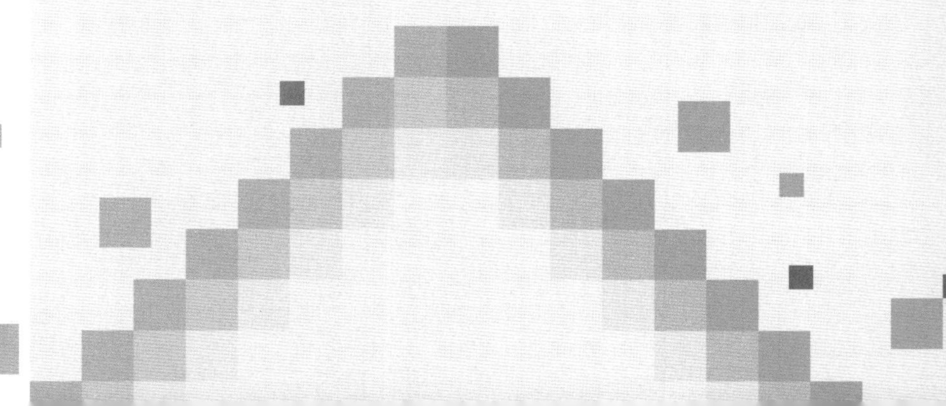

本篇會介紹目前臺灣的退休金架構，以實例說明官辦退休金很難給我們一個「像樣」的退休生活。同時，也用實例告訴大家，一個「像樣」的退休生活該如何從今天開始做起。雖然當下正進行如火如荼的年金改革很可能改變這些遊戲規則，不過對於年輕世代的族群來說，就算遊戲規則不變，「老了可能沒人養」這個生命中的黑天鵝仍有可能成真。

根據近期一份針對千禧世代的退休調查指出，一九八一至二〇〇〇年間出生的人口中，49%的人還沒有開始為退休進行儲蓄計劃，67%的人認為現在開始規劃退休還太早。這份令人膽戰心驚的報告顯示，多數人對於長期潛在的風險幾乎沒有意識。「靠山山倒、靠人人倒」，財富不會憑空增加，想要有個舒適的老後，趁早開始做錢財方面的規劃才是上策。

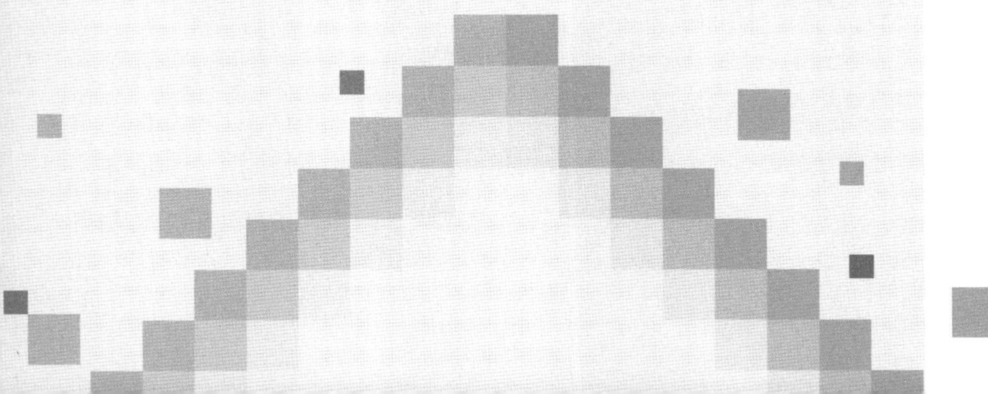

本書是寫給還未進入社會職場，或是進入正在積極尋求累積財富的後消費世代的人們，套句時下的話就是已脫年輕、熟年未滿的人們。

沒錯，就是你們這個世代！這個世代有點難為，社會現象何其多，卻不知道未來在哪？老一輩當年充滿機會，今天的年輕人還得開始想退休生活怎麼辦？！

關於退休，本書不會教你怎麼樣可以在三十五歲賺夠錢退休。很多時候，這是運氣，更是命中註定。我假定大多數的人只要努力加認真，都會有不錯的財運，只是不會那麼快。

面臨中生代的我們，看看最近幾年大家為了退休金制度的改革吵得不可開交，政府還因此召開了「年金改革會議」，顯示大家已經開始為未來退休沒有著落在擔心。因為，少子化的現在，年輕一代面臨退休財務壓力時，所能依賴的下一代支應，肯定會比我們這一代還少。

因此，這時候談退休理財，不是在恐嚇後消費世代未來會多淒慘，而是告訴大家，退休理財從我們中生代開始，已經變成是生涯規劃不可或缺的一部分了，到了你們這一代，退休理財更會像吸氣吐納一般理所當然。如果刻意忽略它，可得小心一口氣換不上來。

過去辛苦打拼的一代，往往累積了財富，犧牲了健康，最慘的狀況是「空有錢，沒命花」、「人在天堂，錢在銀行」，希望趁著可以享受的時候，把辛苦賺來的錢拿一部分來搞賞自己。可是到了後消費世代，平均年齡可能會到八十五歲，甚至九十歲，如果照目

前的退休制度走下去，不太可能會有足夠的財富支應這麼長壽的生活，變成「有命活，沒錢花」。二者都不是好現象。

「有命，也要有錢花」是退休投資理財的終極目標。至於要多有錢，有多少錢，則是每個人自己心裡有數，別人無法代替決定。本篇會在方法上提供一些輔助，不過最重要的是，投資人必須先體認到退休理財已是不可逃避的課題，是必須設定的投資目標，也可以說是只許成功，不許失敗。在這樣的前提下，讀者對設定投資目標這件事才會有更踏實的體認。

退休投資理財，「今天不做，明天一定後悔。」

8 退休：最大的財務挑戰，也是必須的財務規劃

本書前面提到的投資理財計劃，不管是短期的遊學旅行、中期的結婚購房、長期的子女教育基金，都算是個人條件和需求下的投資計劃。換句話說，這些計劃因人而異，有人需要，有人不需要。比方說有人樂於當個宅男、宅女，只要有Facebook、LINE加上偶像劇就可以過活，不需要到處趴趴走，旅遊就不會是投資理財的原因；有人打定主意一輩子單身，有的人則不買房只租屋住，或是結婚後不生小孩，那麼結婚、購屋、子女教育也不會成為要存錢投資的理由。

不過，人終究要走完一生，現實面來講，工作上的成就感是一回事，工作帶來經濟和財務上的支援，更是人生存下去的驅力之一。我們當中的絕大部分，當沒有工作的時候，主要的財源也就隨著消失，不管有沒有任何的投資計劃，財務狀況這才面臨了真正的考驗。

退休就是最典型的例子。當還能工作、有收入的時候，生存只有好與不好的問題，沒有能與不能的問題。然而，退休後沒有固定收入，以六十五歲的退休年齡來看，至少還有十五至二十年的老年生活要過，這時「錢打哪兒來」就會是個重要的課題。

＊‖退休問題，說穿了就是人和錢的問題

我們的上一輩通常不太關心退休的問題，原因很簡單，因為那時的老年人相對比較少。在扶養比例的統計上，世界通用的原則是將十四歲以下稱為「幼年人口」，六十五歲以上稱為「老年人口」，十五至六十四歲之間的稱為「工作年齡人口」。根據行政院經建會的統計，民國七十九年時，臺灣地區老年人口占總人口的6%，每四・五個幼年人口對應一個老年人口，每十一・一個工作年齡人口對應一個老年人口[1]；也就是每十一・一個工作年齡人口只需共同扶養一位長者。

退休在過去並不受到重視的另一個原因，是退休後的財務負擔有限。早年的退休制度，也就是所謂的「勞退舊制」中，請領退休金的條件比較嚴格，實際上能領到的勞工是少數[2]。同時，依「年資」和「基數」計算的退休金，退休時能領多少是可以計算出來

[1] 工作年齡人口和老年人口的比例，在人口統計上有個正式名稱，叫做「扶老比」，這個比率通常也可用來評估勞動人口的壓力。

[2] 依照勞退舊制自請退休的要件，勞工必須在「同一事業單位」，工作十五年以上並年滿五十五歲；或是工作二十五年以上；或工作十年以上並年滿六十歲才能請領退休金。可是根據統計，臺灣中小企業平均壽命僅十三年，許多勞工根本無法在同一公司工作滿十五年，也無法請領退休金。同時，只要換公司，就等於放棄了過去累積的退休金。

的。在過去人口結構尚未失衡、經濟高成長、利率動輒有7%至9%的時代裡，繳款的人多，領錢的人少，維持財務平衡並不是太難。

而我們，過去不擔心的事情，現在全成了問題。

首先，是老了可能沒人養你！

臺灣的人口結構出現了根本性的變化。民國五十年平均每個婦女生五・六個小孩，到了民國一〇四年只生一・一七五個（內政部戶政司資料），而平均壽命上升，老年人比例增加。據估計，民國一〇五年時我國老年人口比重為13.2%，幼年人口與老年人口的比例接近一比一，每五・六個工作年齡人口對應一個老年人口。到了二〇一六年，根據行政院人口會報所提出的警訊，臺灣人口老化嚴重，「老少比」（老年人口比除以幼兒人口比）將升破100%（見**圖一**），工作年齡人口在二〇一二年達到最高點後，自二〇一五年起逐年下降，勞動力出現「晚進早出」現象，人口結構驟變。從資源分配的角度來看，工作年齡人口的所得中，會有比較大的部分被拿來支應老年人生活所需，而對下一代（幼兒）的投資相對就會減少。更麻煩的是，如果此一趨勢不變，到了民國一五〇年前後，一個老年人口只能有一・三個工作年齡人口扶養，而幼兒人口的比例更會低到總人口的9.6%[3]。

是的，約莫只需四十五年，退休的時候可能沒人養你。

對年輕的工作人口而言，「退休」的確是還很遙遠的事，眼前

[3] 以上數據均參考自「中華民國人口推估（一〇五至一五〇年）」。國家發展委員會，民國一〇五年八月二十二日。

圖一　臺灣人口結構變動推估

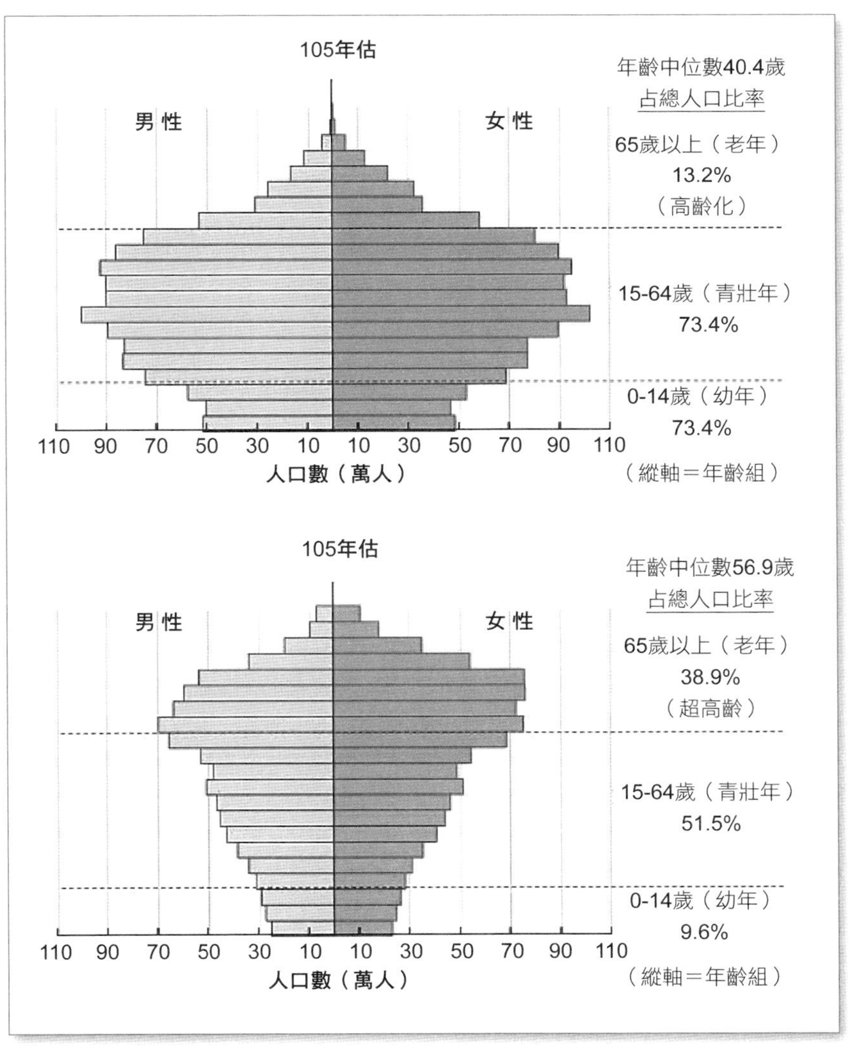

資料來源：「中華民國人口推估（105至150年）」。國家發展委員會，105年8月22日。

都快活不下去了，哪管得了老年呢！況且，扶養老年人的沉重壓力壓根感受不到，這「危機感」很難強烈。二十世紀偉大的經濟學家凱因斯（John Maynard Keynes）曾有一句名言：「長期來看，我們都已經不在這個世界上了」（In the long run, We are all dead.）掌握眼前的事總是比較實際。只是，羅馬不是一天完成，金融海嘯也不是一夕之間發生，老年危機如果等到自己退休的那一天才意識到，恐怕就太晚了。所謂「人無遠慮，必有近憂」，想像一下，二十年前你們的祖字輩退休時，每一個老人有十一・一個青壯年扶養；現在你們的父執輩退休時，還有五・六個人養一個老人；等到你們退休時，只剩下一・三個人扶養你，這時候恐怕已經不是他願不願意養，而是他能不能養的問題。

退休的第二個問題是，老年人退休後沒有足夠的經濟來源、醫療照護和生活品質。**坦白說，就是錢的問題。**錢的問題可以從二方面來談，**一是沒錢，二是錢不夠。**

近期各方熱烈討論的退休金破產，就是典型的沒錢問題。其實有破產危機的退休金，大多存在於軍公教人員的退休基金（一般稱為退輔基金）。如果將來成為政府機關人員，包括公務人員、教師、軍職，的確有退休金給付不足的潛在危機。根據考試院銓敘部一〇五年的估算，如果以現在的人員、提撥比率、給付標準不變，軍職退輔基金將於民國一〇九年破產；教育人員退輔基金將於民國一一九年破產；公務人員退輔基金將於民國一二〇年破產。即使考試院提出了改革方案，增加提撥率（多繳），降低給付額（少領），延長退休年齡（延退）只能延後存活的時間，無法保證不會破產。一旦破產，表示後進的年輕一輩可能根本領不到自己提撥的退休金，因為被先退休的人領走了。

過去退休金制度的基礎，是由「社會青壯的多數人口」，扶養「社會少數的老年人口」。現存的軍公教退輔，以及後面提到的勞保老年給付，基本上都還是這個架構。當「多數人口」愈來愈少，「少數人口」愈來愈多，問題就會出現。這在傳統退休金給付制度下是個嚴重的問題。根據聯合國「世界人口展望報告」，全世界都面臨了程度不一的「老年扶養比」[4]惡化的問題。當一國的老年人口比重日益增加，青壯年人口比例被壓縮，在傳統退休金制度的設計下，每個青壯年所要負擔的老年人比重將愈高。日本和德國已超過30%（二〇一一年），表示每三個青壯年須負擔一個老年人，英國、法國也超過了25%，這些國家都正在面臨著人口老化及退休金改革的巨大壓力。（見**表一**）

一般民營企業員工在現行的勞退制度下，由於是自己累積的個人退休帳戶，比較不需要擔心領不到的問題，但應該要擔心的是錢不夠的問題。

所謂錢不夠，指的是退休時拿的退休金無法維持退休所需，必須降低生活水準。在現行的勞工退休金制度下，民國九十四年七月一日以後任職的員工，一律適用勞退新制，也就是「個人帳戶

[4] 根據聯合國的定義，老年扶養比為（65歲以上人口）÷（15至64歲人口），愈高表示老年人愈多，青壯年的負擔愈重。

表一　全球主要國家老年扶養比的增長（%）

	1950	1980	2015	2020F	2030F
澳洲	12.5%	14.8%	22.7%	25.5%	31.5%
巴西	5.4	6.9	11.3	13.8	20.0
中國	7.4	8.7	13.0	16.8	23.9
法國	17.3	21.9	30.6	32.9	38.9
德國	14.5	23.7	32.2	36.0	48.2
香港	3.7	8.5	20.6	25.4	41.9
印度	5.3	6.3	8.6	9.5	12.2
印尼	7.0	6.4	7.7	10.0	15.1
日本	8.3	13.4	43.3	48.2	52.9
韓國	5.2	6.2	18.0	22.4	37.3
馬來西亞	9.4	6.2	8.4	10.7	15.7
菲律賓	6.8	6.0	7.2	7.7	10.4
俄羅斯	9.5	15.0	19.1	22.5	29.4
新加坡	4.2	6.9	16.1	21.6	37.5
臺灣*	N.A.	6.7	18.0	22.6	37.6
泰國	5.9	6.4	14.6	17.5	26.1
英國	16.2	23.3	27.6	29.4	34.4
美國	12.8	17.1	22.3	25.3	32.7
越南	6.6	9.1	9.6	11.4	18.3

資料來源：聯合國世界人口展望報告（2012）。
註：*臺灣預測資料為國家發展委員會二〇一六年的資料。

制」，目前約有六百三十五萬人，每年大約以一千三百億的規模增加，至民國一〇五年十月已累積超過一兆新臺幣，各位熟齡男女，年輕一代未來投身職場應該都屬於這個制度。在這個制度下，雇主（也就是老闆）每月強制提撥一筆退休金（薪資的6%）在屬於你的退休金帳戶中，當然自己也可以另外提撥，之後在一定條件下可以提領當作自己的退休金。這個退休金帳戶一生跟著自己走，即使換工作也能延續，因此不會消失，沒有破產的問題，也不會領不到。可是，這筆錢能不能支應自己的退休生活在目前出現了問題。

目前勞退新制的提撥雖然已採用個人帳戶制，但基金的累積和投資卻仍維持過去的集合運用形式，所有人的錢集中管理，由「勞動基金運用局」統籌管理。試想一個二十歲的年輕人，面對退休還有數十年之遙，有意願也有能力承擔比較高的帳面虧損，做一個積極型投資人；而一個六十歲的人，面臨即將退休的需求，投資活動理應以保本為優先，避免在退休前過度曝險造成高額的損失，這時保守型的投資方式比較恰當。然而在現行制度下，二十幾歲的年輕人，和六十幾歲面臨退休的中年人所提撥的退休金，在現今「大鍋飯」式的管理方法下，投資內容和報酬竟然沒有差別！這種不依需求打造的退休金投資模式本身就是一種缺陷。

退休金夠不夠，其實是個很主觀的問題。甲認為退休後一個月二萬元就行，乙認為三萬才夠，丙可能想過得更好，需要五萬才滿意。一般來說衡量退休所得是否足夠，是以薪資所得為基準，因為薪資某種程度代表一個人對所得的滿意度，試想如果一個人對於公司所付的薪水不滿意，當然可以選擇換薪水更高的工作，直到滿意為止。而退休金的「所得替代率」（pension replacement rate）指的就是退休後每月所能拿到的收入，占退休前所得的百分比：

退休所得替代率（%）＝退休後月所得÷退休前月所得

退休所得替代率是衡量退休後生活和退休前差異的指標。若為

100%則表示與退休前所得相當，超過100%則表示退休後收入反而比工作時還多。根據世界銀行（World Bank）的建議，**退休所得替代率至少應維持70%才能維持一定水準的退休生活**。

舉例來說，丁丁退休前的月薪是新臺幣十萬元，如果依照70%所得替代率的標準，丁丁在退休後所能拿到的月退休金總和，最少要七萬元才算及格。70%的門檻以現在的角度來說並不容易達到，況且七萬元從哪裡來也是個問題，說到這就必須說明一下退休金制度的架構。

＊‖退休，得先從政府的退休金制度談起

全世界很早就針對退休金制度作了一個架構。根據世界銀行的規劃建議，老年人退休時的經濟安全和財務保障，可以由三種型式共同達成，又稱為三大支柱（Three Pillars）（見**圖二**）：

圖二　世界銀行退休財務的三大支柱

第一支柱	第二支柱	第三支柱
國民退休金（基礎年金）	職業退休金（職業年金）	個人退休金（私人儲蓄）
強制提撥，作為退休生活基礎所需	強制提撥，維持退休生活在一定水準之上	屬自願提撥，用於提高退休生活品質

1.基礎年金[5]：在美國為社會安全給付，在中國是社會保險基金，在日本、臺灣則是國民年金，臺灣另有勞保、公保等養老給付。[6]主要由政府主辦，以稅收為基礎，部分以一般民眾按期繳納，長年累積。所有民眾皆可參與，提供退休時基礎的生活保障，並解決老年貧窮問題，屬於全社會的保障。

2.職業年金：視職業本身參與的退休金制度。在臺灣，軍公教人員有退輔基金，勞工則有勞工退休基金等等。視工作年資和提撥金額決定退休時的給付水準，屬於獨立自營、職業強制性的退休計劃。一般而言，職業年金在退休後收入當中的比重相當高。主要目的在於使投保人能夠在退休後維持退休前的消費水準，使生活維持在固定水平。

3.私人儲蓄：包括本身的存款、長輩的贈與或是未來子女的奉養；或是購買商業保險、年金保險、定時定額投資基金、跟會等等，為了退休所需的資產累積，屬於自願參加的計劃。主要目的在投保人個人對於退休生活的額外規劃，例如退休後實現環遊世界的理想，或買豪華重機來滿足自己等等。

這三大種支柱，從「國家—職業—個人」共同建構退休保障，看似相當完善，然而全世界很多國家近年來都面臨了退休金改革的

[5] 所謂年金（annuity）是指一段時間內，定期或不定期的現金收入或支出方式。例如投資的配息、支付租金、分期付款、提列折舊等都算是廣義的年金。而一般所稱的年金，多半單指保險給付方式，例如退休後按月支領的退休金。

[6] 美國的社會安全保險、中國的社保基金和臺灣的勞保、公保等，分別包含多種保險範圍，此處僅指退休保險。

困境，好一點的引起社會討論，激烈的甚至影響政權更替。像是二〇一一至二〇一二年歐債危機的高峰時，英國、法國、希臘、西班牙、葡萄牙等國家，不約而同大砍退休金福利以減少政府債務支出，引發大規模的示威抗議，希臘、義大利差點出現政黨輪替，西班牙的加泰隆尼亞（Catalunya）一度不願分擔中央政府的財政縮減方案而要求獨立。

造成這些紛亂的主因，在於許多國家的退休金制度長期以來相當程度依賴「國民退休金」與「職業退休金」這兩個支柱，也就是基礎年金與職業年金。說穿了人們對於退休的規劃主要依賴政府和群體力量的方式，至於第三支柱——私人儲蓄，在過去的發展上其實並不熱絡。以前因為經濟前景好，繳得人多領得人少，在這個情況下，前兩項支柱就可以維持大部分退休生活所需，有的甚至會出現所得替代率超過100%的現象，例如歐債危機的核心國家希臘和西班牙，在危機爆發前公務人員退休後的月退俸都超過100%，出現寧可「選擇不工作支領政府的福利金過活」的社會怪象，但這種好康的福利現象在政府財政出現危機後完全無法支撐。如今，希臘已成為債多不愁的國家，政府大砍45%的公務人員，平均減薪40%，延長退休年齡至六十五歲（原來年滿四十歲，服務滿十五年即可退休）。臺灣近年來公務人員退休金制度也因為政府的財政困難，面臨著不小的改革聲浪，依照考試院的規劃，改革後公務人員退休所得替代率將有70%的「天花板」。

因為傳統公辦退休金制度依賴的是群體累積的力量，在現今全球低利率、低成長、高扶養比、政府財政普遍入不敷出的環境下，更加不易滿足退休所需。過去十餘年來，全世界的經濟環境面臨了極大的轉變，傳統歐美日等經濟強權經濟進入成熟期，已無法帶動持續快速成長，新興國家成長雖快，但規模仍不足以拉動全球。同時間全球金融市場經歷了數次，每次都是「前所未有」的金融危機，從一九九七年的亞洲金融風暴、一九九八年俄羅斯債務風暴及長期資本管理公司（LTCM）破產危機、二〇〇〇年網路泡沫、二〇〇七年次貸房地產泡沫、二〇〇八年雷曼兄弟倒閉、二〇一〇至二〇一三年間的歐債危機，以及近年來層出不窮的「黑天鵝」，使得過去退休金資產賴以穩健獲利的模式遭受破壞。根據經濟合作暨發展組織（OECD）的統計，在現行（或計劃改革）的公辦退休制度下，主要國家的所得替代率，平均約為56%，其中除了少數國家外，幾乎很難超過70%[7]。以美國、英國、日本三大經濟體的長期所得替代率變化來看，自二〇〇〇年以來均出現極為明顯的下降，至二〇一一年都已低於40%的水準（見**圖三**）。尤其是英國與日本，二十年前都還有50%以上的水準，美國在二〇〇〇年間也一度站上50%，如今下降的速度令人吃驚。經濟表現直接影響人民所得，甚至退休所得的水準。

不僅如此，OECD並估計，若以現行的經濟狀況持續下去，每

[7] 根據OECD（2013/7）的統計，在三十四個成員國中，以平均薪資計算，男性的退休毛替代率（gross replacement ratio）為57.4%，女性為55.7%。在此粗估平均為56%左右。

圖三　OECD估算美國、英國、日本公辦退休制度所得替代率的變化

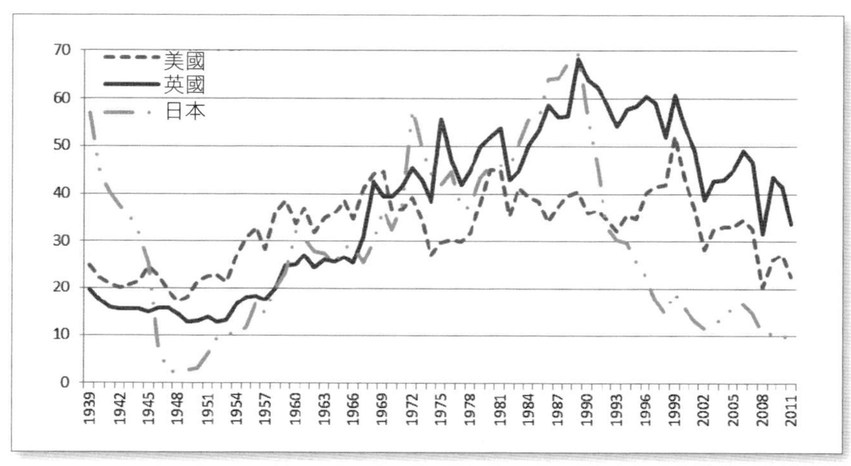

資料來源：OECD_DC Pension Design Highlight（2013/3）。依歷史資料計算，以5%的提撥率，提撥期間四十年，投資在60%股票、40%政府債券的投資組合計算。

月提撥薪資5%，提撥四十年，在股債平衡的投資模式下，退休時達到70%所得替代率的機率不到14%，若每個月提高一倍的提撥至薪資的10%，達到70%替代率的機率也不過52.8%。如果僅提撥二十年，達成的機率更是微乎其微。（見**表二**）

在現實狀況下，依賴政府制度下的退休金，達成退休生活無虞的可能性是愈來愈低了，丁丁要依賴基礎年金和職業年金，退休後每月拿到七萬元的難度也會更高。因此，第三支柱下個人提撥的年金，無論是自行提撥的職業年金，或是私人儲蓄、參與商業機構（如保險公司）的退休年金儲蓄計劃，角色上將會愈來愈吃重。但是在現今低利率、低成長的環境下，創造額外的高報酬難度相當高。

表二　OECD估計提撥比及年資與70%所得替代率的達成機率

	達成30%退休所得替代率的機率	達成70%退休所得替代率的機率
5%提撥，40年	61.6%	13.9%
10%提撥，40年	91.7%	52.8%
5%提撥，20年	2.8%	0.1%
10%提撥，20年	33.0%	1.3%

資料來源：OECD_DC Pension Design Highlight（2013/3）。在假設的薪資成長、物價水準、資產報酬的條件下，以60%股票、40%政府債券的投資組合模擬計算。

＊‖我們正在面臨改變！

二〇一〇年以後，全世界嬰兒潮[8]面臨退休，龐大的退休金請領壓力也使得傳統的退休金管理遭受到極大的挑戰。根據匯豐（HSBC）的研究，由於退休金的財務壓力愈來愈高，無論是政府的退休金計劃，或是私人企業的退休金產品，在投資上會愈來愈保守。根據匯豐的估計，未來四十年，全球資產因為人口結構的變化將會做出對應調整，股票市場的投資配置比重，會從目前的51%逐步下降至二〇五〇年的43%，債券部分則維持在16%，但現金部位卻會從目前的33%上升至41%[9]。

[8] 美國在二次大戰後，一九四六到一九六四年間的出生率明顯較戰前為高，美國人口統計局將此一時期定義為「出生潮」（Birth Boom），後人通稱為「嬰兒潮」。在這段時期內，統計美國總共有七千七百三十萬個新生兒出生，較戰前同期間增加了三分之一。不僅如此，日本、德國、英國、中國等參戰國也出現了類似現象。

[9] 詳見"The Allocator: Baby Boom to Ageing Gloom", HSBC Global Research, 2013/4/29.

為什麼會如此？簡單來說這是人性。當經濟成長停滯，投資報酬率低，人口逐漸老化，但未來的財務壓力大的時候，人們很難有意願把手中的資金拿來投資，保留現金便成為最安心的手段。這個現象不是紙上談兵，過去二十年的日本正上演著這個現象。

日本是一個偏好儲蓄的民族，銀行存款往往是日本人民的習慣。一九九〇年日本房地產和股市泡沫雙雙破滅後，進入了低利率、低成長的「失落的二十年」。加上人口的老化，股市不振，存款更成為日本人民的唯一希望所寄。**圖四**為日本家庭資產配置的長期變化，一九九〇年初，日本家庭資產當中約有33%是以股票形式持有，這個比例造就了日本股市的大泡沫，但在泡沫破滅後日本家

圖四　日本家庭資產配置狀況統計（自1979年起）

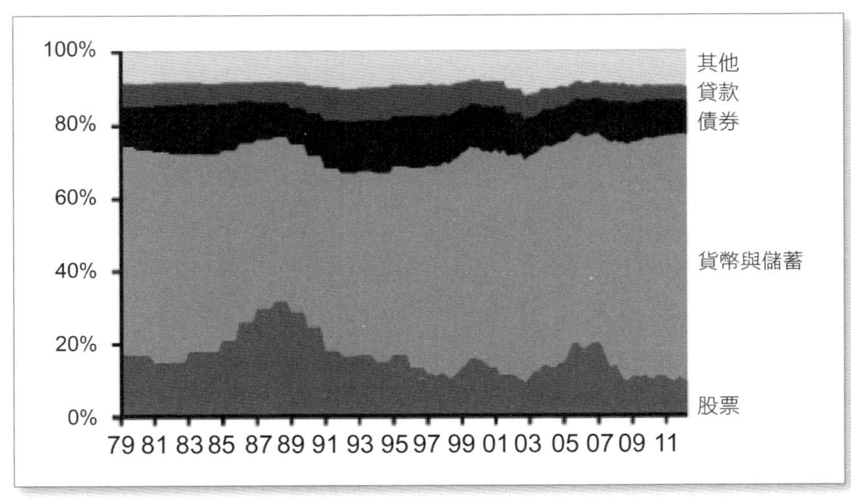

資料來源："The Allocator: Baby Boom to Ageing Gloom", HSBC Global Research, 2013/4.29.

庭股票持有比例一路下降，取而代之的是現金和存款大量增加[10]。長期把大量的資產放在效率極低的定存上，間接造就了日本經濟的一蹶不振。

因為人類平均壽命增加已經是全球的現象，低利率、低成長的陰影始終揮散不去，「失落的日本」看似要變成「失落的世界」。然而，沒有人願意步上日本過去二十年的後塵，因此對於退休財務的思維也應開始改變。過去用三、四十年的工作時間支應十至十五年的退休所需，現在的退休期間少則二十年、甚至長達三十年，退休金累積方式也不應該停留在上個世紀的思維才對。

早在一九八七年，位於瑞士日內瓦的國際保險經濟研究協會（International Association for the Study of Insurance Economics）便提出了退休的四大支柱（the Four Pillars）。除了加強第二、三項支柱的功能性和資源運用外，也針對後工業化時代退休金及社會福利的財務問題，提出了第四項支柱，運用「老年健康人口」（aging in good health populations）提供額外的服務，延長對經濟社會的貢獻。例如「延伸性就業」，無論是兼職、臨時工作、創業等。未來工作和退休之間的界限應該會愈來愈模糊，「六十五歲以前全力工作，六十五歲以後完全休息」的思維未來一定會被打破。誰說退休後不能服務他人，而一定要他人來服 務？當平均年齡超過八十、邁向九十歲時，誰規定六十五歲以後不能再創造收入？

[10] 儘管實際上銀行和保險公司拿了這些存款，還是投資在日本公債等保守型資產，但對人民而言，觀念上就是持有現金。

因此，退休投資也不會只在青壯年時累積，即使三根支柱已累積了一定的退休準備，退休後仍可以持續地投資，購買較低風險的股債商品、定期配息的工具、ETF、「延壽年金」[11]等等，都是持續活用資產的方式。不但豐富退休生活，也可緩解退休支出的壓力，這些都是未來的趨勢。

[11]「延壽年金」：退休後在領月退休金時，若提繳一定金額，投保年金保險，作為超過「平均餘命」後的年金給付之用。例如，勞工六十五歲退休，開始領取月退休金時，拿出部分資金投保另一個年金保險，若當時的平均壽命為八十一歲，則於該勞工八十一歲開始領取延壽年金，以保障超過平均壽命以後的生活。

臺灣目前的退休金架構，你還能依賴它嗎？！

上一章提到當前社會經濟結構改變的主要目的並不是在恐嚇大家未來可能會面臨沒人養、也沒錢的老年生活。而是提醒後消費世代的你們，祖父那一輩打拼一生，退休可以靠子女供養；父親那一輩有祖父的餘蔭，可能還能過上不錯的退休日子；到了你們這一輩，別太期待上有祖產，下有子孫，很有可能得靠自己才能為自己的退休生活提供保障。

退休累積的確是一個不得不重視的問題，它與其他投資目的最大的不同在於：**退休金是一件輸不得的投資計劃。**存不起旅遊基金頂多不出遊；留學基金投資不成可以留在國內唸；購屋基金趕不上暴漲的房價了不起租房子住；買不起汽車每天騎機車的大有人在。但是，一旦退休金投資失利，自己的老年生活將立刻出現問題，更麻煩的是，當退休金發生問題，時間往往並不站在你這邊。二〇〇八年全球金融海嘯記憶猶新，它造成的不但是一般投資人的嚴重損失，對即將面對退休的人士更是重傷害。以美國為例，一九四六年代表嬰兒潮世代起點，那時出生的嬰兒在二〇〇八年時已六十二歲，即將面臨退休。金融海嘯的肆虐造成相當大的傷害，僅二〇〇八年一年美國401K退休金計劃其資產規模就蒸發了二兆美元[1]。包括美國在內的所謂已開發國家，超過一半的人退休準備不足，政府的退休金計劃是最主要的退休收入來源。在退休前三年退休金資產大幅縮水，可以想像多少人一生的心血就在一夕之間蒸發了。

退休金制度改革是這段時間臺灣十分熱門的話題之一，姑且不論公平正義與否，最大的癥結點就是現有的退休金制度難以為繼，截至民國一〇五年十月，各種退休基金所累積的基金餘額總計已超過三兆四千億元。其中公務人員退撫有五千六百八十三億元；私校教師退撫有四百一十六億元；勞工退休舊制八千零四十七億元，新制一兆五百一十七億元；勞保有六千九百八十三億元；國民年金有二千四百七十九億元。照目前和未來的人口，財務結構可能難以維持。也因為如此，包括軍、公、教三類政府職員的退撫基金，以及攸關九百七十萬勞工的勞工保險老年給付都做出了制度上的變革，這些改革的方案仍有相當多的雜音，歸根究底就是有一些人的權益會因此受到損失。

臺灣退休金制度仍在變革的中心點，最後的結果尚未有定論。不過對於現階段的勞工，或是準備踏入職場的新鮮人來說，有兩件事是一定會發生：

---

[1] 根據當時瑞士銀行資深經濟顧問George Magnus在《老年危機》（*Age of Aging*）一書中的估計。

1.和過去的制度相比，新制度一定會少領、多繳、延退。

2.私人投資或儲蓄，也就是世界銀行建議的第三支柱，會變得非常重要。

本章將討論上述的第一件事，也就是介紹臺灣目前政府公辦的退休金制度。每個人的志向不同，未來從事的行業也不一樣，但在現行的制度下，大致不脫軍職、公職、教職，以及適用勞動基準法的勞工（包括白領和藍領等）[2]。本章也將針對這些職業的公辦強制性退休制度一一介紹。

＊‖臺灣退休金制度的架構

在介紹臺灣現行退休金制度之前，有兩個地方需要先加以說明：

1.現行的退休金制度當中，除了少數早期的制度外，幾乎都已朝向「年金化」設計。所謂「年金」，是指一種定期性、持續性的給付方式，例如每月給付一筆金額。對照過去大多為「一次性」給付，年金給付可以減少整體基金在短期間大量一次性給付的財務壓力，同時對受益人而言，按期給付也會降低出現短期巨額損失，影響未來生計的機率。年金的設計已成為全球退休金及社會福利設計的主軸。

2.臺灣自民國一〇一年底由政府主導年金制度改革，中間經過

[2] 勞動基準法適用行業幾乎已涵蓋絕大部分的職業，讀者可在勞委會網站中查詢，www.bli.gov.tw。

多次討論及修正，一〇五年四月雖提出修正案，但最終結果尚未確定。新政府上任後召開長達半年的年金改革會議，聽取各方意見，預定在一〇六年立法。因此，未來各職業年金的架構仍有可能出現變化。本書所介紹的是以民國一〇五年四月底為準的版本。同時，有關給付條件、金額、費率等均會定期檢討，當然未來也很有可能進行必要修正。關心自身權益的讀者應該隨時注意修正的進度。

臺灣現行的退休金制度，其實和世界銀行建議的三個層次（支柱）類似。但是，這些退休金制度又與許多社會福利相重疊。本書的重點在於退休金及老年給付的部分，至於其他的福利津貼和給付僅做簡單介紹：

圖一　臺灣退休金體系

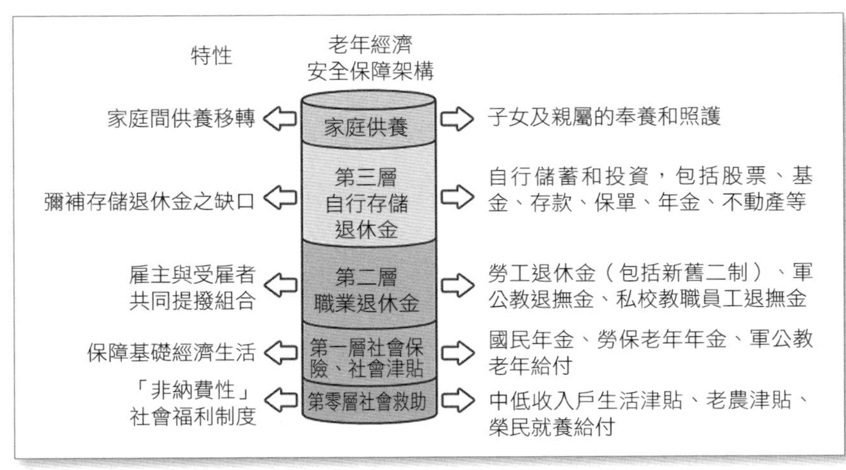

資料來源：中華民國退休基金協會。網址：www.pension.org.tw，作者進行部分內容更動。

◎第零層

為純粹的社會福利項目，包括對中低收入戶的生活津貼，以及老農和榮民的福利津貼，是完全由政府預算支付，不需要事前提撥，且不論退休與否皆會存在。

◎第一層

真正的退休金架構的第一層帶有一些社會保險的功能，提供退休支出的基本需要。在臺灣由於歷史因素，很多此類社會保險也是依照職業別，分為照顧一般未就業民眾的國民年金、適用勞動基準法勞工的勞保老年給付，以及軍公教養老給付。

國民年金　臺灣的國民年金於二〇〇八年十月一日開辦，二〇一三年七月二十三日衛生福利部成立後，由該部社會保險司辦理。國民年金是針對沒有其他社會保險及年金給付的國民所設計的全民基礎保險制度。納保的對象是二十五至六十五歲在中華民國國內設有戶籍，且沒有參加勞保、農保、公教保、軍保的國民，另有一些其他的資格也可以加入[3]。

國民年金的給付項目，包括「老年年金」、「身心障礙年金」、「遺屬年金」三大年金，以及生育及喪葬兩種一次性給付。只要被保險人按時繳納保險費，便可在事故發生時或年滿六十五歲後請領相關年金或給付。

---

[3] 像是勞保年資小於十五年但已領取勞保老年給付者，以及在勞保年金實施前已經領取勞保老年給付者，都可另外加入國民年金。

國民年金的保險費，開辦初期的投保金額是以每月一萬七千二百八十元計算，費率是7.5%，每兩年視情況可調高0.5%，最高上限為12%。其中，個人負擔60%、政府負擔40%。二〇一五年將投保金額調高至一萬八千二百八十二元，二〇一七年元旦起費率調升為8.5%。因此，目前投保的國民年金（二〇一七年）每人每月要繳納：

18,282元×8.5%×60%＝932元

至於老年年金可以領多少，國民年金提供了下面兩個算式：

A式：（月投保金額×保險年資×0.65%）＋3,628元[4]

B式：月投保金額×保險年資×1.3%

依A、B二式計算後取其優者給付。以目前月投保金額一萬八千二百八十二元來計算，保險年資達三十・五三年時，A、B二式的結果是一樣的，在年滿六十五歲以後每個月可領七千二百五十六元。因此，保險年資少於三十・五三年時，A式會較為划算；多於三十・五二年則應選B式。

國民年金保險屬柔性強制納保，符合納保對象者會自動納入，對於不繳納的人（除配偶外）並無特別設立罰則。其他相關規定可以參考新成立的衛生福利部以及勞委會網站資料。

勞工保險　勞工保險可說是臺灣最早期的社會保險之一，民

[4]二〇一六年一月起調升為三千六百二十八元。

國三十九年時即已開辦，針對受雇於私人雇主的勞作傷害、殘廢、生育、死亡及老年五種給付的保障。經過時代的變遷，給付項目逐漸增加，還包括失業[5]及職業災害給付。民國八十四年因應全民健保實施，將普通事故的醫療給付（門診、住院、手術等）交由健保局。民國九十七年起實施年金制度，目前的給付項目包括「老年年金」、「失能年金」、「遺屬年金」三項年金，以及生育、傷病及職災等一次性給付，另外還有失蹤津貼及預防職業病健康檢查。我們討論的是退休金，故只將重點放在老年年金上。

在勞工退休金新制實施之前，受限於舊制的給付標準（本章後面將會提到），勞保老年給付是多數勞工退休後最主要的老年給付來源。這二年相當多的討論提到勞保基金可能破產，指的就是這個勞工保險。由於像失能、生育、傷病、職災等給付項目不是每個人都遇得到，但老年給付幾乎和每個人有關，因此當可能破產的消息出現時便引起了廣泛關注，畢竟沒有人希望只繳錢但領不到。

勞工保險的保費，是以勞工的薪資作為基準，勞委會定期公告「勞工保險投保薪資分級表」（見**附錄一**），將薪資分為十八個等級，月薪落在哪個級距內，就用該等級的薪資作為計算基礎，然後乘上費率（現行為9.5%，不計就業保險）。例如阿榮若月薪三萬元，屬於薪資級距第九級（二萬八千八百零一至三萬零三百元），因此，阿榮當月的勞保費應為：

[5] 民國九十二年就業保險法實施，失業給付已與各職業訓練和就業服務體系結合，與勞保體系脫離。

30,300元×9.5%＝2,879元

二千八百七十九元並非全由勞工負擔，依照勞工保險條例及相關規定，保費是由被保險人（即勞工本人）負擔20%、投保單位（即雇主）負擔70%、政府負擔10%。因此在這個例子中，勞工、雇主、政府分別負擔如**表一**所列：

表一　薪資九等級之月勞保費分攤（9.5%費率）

	9.5%費率下負擔金額
勞工（20%）	576元
雇主（70%）	2,015元
政府（10%）	288元
合計	2,879元

相關資訊若有更動也可以在官網www.bli.gov.tw查詢到。

至於大家關心的勞保老年給付其實挺複雜的，分為三種：(1)老年年金給付；(2)老年一次金給付；(3)一次請領老年給付。不過年輕一代幾乎只需要關心老年年金給付就行了；至於第二種「老年一次金給付」是屬於投保年資不滿十五年的勞工，這個多數人都會超過；而第三種則適用於民國九十八年一月一日以前就已就業的勞工，九十八年之後加入勞保的勞工只適用老年年金給付。

現行的勞保老年年金給付金額，和國民年金一樣有一套公式計算。僅有一點不同：勞保老年給付的薪資基準，是以勞工所有投保期間中，最高投保薪資六十個月的平均來計算。依A、B二式計算後取其優者給付：

A式：最高60個月的平均月投保薪資×年資× 0.775%＋3,000 元

B式：最高60個月的平均月投保薪資×年資×1.55%

假設阿榮在退休時有三十年的勞保年資，最高六十個月的平均投保薪資是四萬三千九百元。則A、B二式計算出來的結果分別為：

A式：43,900元×30×0.775%＋3,000＝13,207元

B式：43,900元×30×1.55%＝20,414元

阿榮在退休後應選B式，每個月可領二萬零四百一十四元。

本章開頭曾提到，未來退休金制度改革是朝向「多繳、少領、延退」的方向，下面談的就是目前勞委會提出的勞退改革方案。

多繳部分　因應勞保基金可能面臨破產，勞保保費的費率在過去幾年間逐年調升，上限訂為19.5%。換句話說，如果這個方案通過，從今年起至民國一百二十三年，包括勞工、雇主、政府每年的勞保費都會增加0.5%。拿前面阿榮的月薪三萬元為例，阿榮未來每個月的保費負擔將變成（見**表二**）：

表二　不同費率下薪資九等級之勞工每月負擔的勞保費

	費率	每月保費
民國105年	9%	545元
民國106年	9.5%	576元
民國110年（估）	12%	727元
民國123年（估）	18.5%	1,121元

當然，雇主、政府也會對應多繳，讀者可以自行計算。

少領部分　在近期的年金改革方案中，爭議最大的是少領，首當其衝的是已繳勞保費多年的勞工，因為除了要繳更多外，原先承諾的給付額度卻縮水了。但由於勞保財務狀況惡化已是事實，今天多領只是將負擔再往下一代展延，因此少領其實是不得不然的現象。

問題是，誰少領？少領多少？

截至民國一〇五年四月勞委會提出的勞保年金改革方案中，給付方面的改革有二項：

1.平均月投保期間的採集，將由現行的最高六十個月平均，逐步增加到一百八十個月。我們當中大多數，未來都會以工作期間月投保薪資最高的一百八十個月的月平均來計算。
2.給付公式方面，A式不予調整，平均月投保薪資在三萬元以下的，B式維持現行的每年1.55%，三萬元以上的將降為1.3%。

換句話說，薪資比較低的勞工，退休金縮水的部分是平均月投保薪資降低所造成的，但高於三萬元的勞工，除了平均薪資降低，計算比率也下降了。如果以阿榮為例，當他退休時，計算最高一百八十個月的月投保薪資仍為四萬三千九百元，則經計算勞保老年年金阿榮每個月可以領：

43,900元×30×1.3%＝17,121元

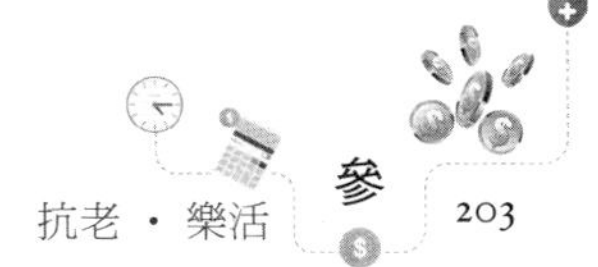

較原本的二萬零四百一十四元少了三千二百九十三元。

如果因為採集時間加長，最高一百八十個月的月投保薪資已不到四萬三千九百元，而是四萬零一百元（第十五級），則阿榮的勞保老年年金月領額將進一步降為：

40,100元×30 ×1.3% ＝15,639元

這是少領的部分。

延退部分　在這一次的勞保年金改革方案中，並沒有針對退休年齡延後所作的討論。但是在民國九十八年勞保年金開辦後，已規劃將勞工退休年齡由六十歲逐步提高到六十五歲。依此規劃，民國四十七年次的勞工要到六十一歲才能辦理退休，民國四十八年次的勞工要到六十二歲……民國五十一年次以後的勞工都要到六十五歲才能辦理退休。

公教養老給付　和勞保類似，公教人員也有屬於自己的社會保險。給付方面有死亡、養老、殘廢三類給付，另外有眷屬喪葬、育嬰留職等津貼。

公教養老給付有其歷史沿革，對於退撫制度實施前的公教人員而言，公教養老給付是最重要的退休金來源。但是公教養老給付計算起來相當複雜。大致上是依年資計算，年資愈高領得愈多，民國八十八年五月三十一日修法，公教人員年資每滿一年可領一・二個月的給付，最高可領三十六個月。

早期公教人員薪資和退休金偏低，因此還有退休金利息18%的

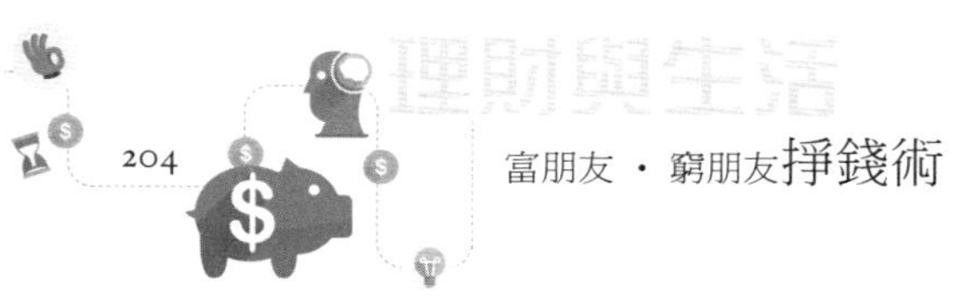

存款優惠，民國八十四年七月一日以後已無此優惠。

保費部分，為求自給自足及永續經營，公保費率區間已調整為7%至15%，一〇五年一月調升為8.83%。其中公教人員負擔35%、政府負擔65%。

因應時代的變遷及政府財務負擔日益增加，公教養老給付也傾向年金化。過去公教人員低薪高給付的狀況已改變，給付額度與請領條件也朝向與一般受薪階級相似。依照銓敘部的公保養老年金給付規劃，公教人員退休請領養老年金的條件為下列三者之一：(1)繳付保險費滿十五年以上且年滿六十五歲；(2)繳付保險費滿二十年以上且年滿六十歲；(3)繳付保險費滿三十年以上且年滿五十五歲。這和一般退休年金請領的條件幾無差異。

給付部分，保留一次領取的方式，另外辦理年金給付：

一次給付＝最後3年平均本俸×1.2個月×公保年資

（最高可領36個月）

年金給付＝最後15年平均本俸×0.75%×公保年資

（最高採計35年）

換句話說，公保養老年金的所得替代率，最高為0.75%×35＝26.25%[6]。

---

[6] 此處是指甲類公教人員，包括行政機關經銓敘審定之公務人員、雇員；公立學校編制內之有給專任教職員；交通部所屬事業機構人員、其他公營事業機構內經銓敘審定之公務人員。另有公營事業機構內兼具勞工身分之公務員、負責人或經理人、私校教職員工、各機關學校團體駐衛警察等乙類公教人員，年金給付率為投保年資每一年，給付1.3%；一次給付為投保年資每一年，給付二．四個月。

同時，依照目前銓敘部的規劃，過去繳公保費滿三十年的資深公教人員，政府補助公保、健保費的優惠，在未來也將刪除。民國八十四年以前享有18%優惠存款的公務人員，在未來也將面臨調降。退休公務員過世後，由配偶支領的月撫慰金，則將改為月退金的三分之一。公務人員退休後所支領的公保年金和其他社會年金合計，不得超過現職待遇的80%。

◎第二層

退休金架構的第二層主要是職業提供的退休金，在臺灣包括勞工的勞工退休基金（新舊二制）、軍公教退撫基金，以及私校教職員工退撫基金。

勞工退休金　臺灣的勞工退休金分為新舊二制，在民國九十四年七月一日以前，勞工的退休金來源除了前面提到的勞保老年給付外，就是舊制的勞工退休金。舊制的勞工退休金雖然也是勞工和雇主共同提撥，但請領條件對勞工相當不利，除了必須符合「工作二十五年以上」、「工作十五年以上年滿五十五歲」、「工作十年以上年滿六十歲」三項之一外，最麻煩的是必須在「同一事業單位內」才行。換句話說，只要勞工換了工作或公司倒了年資就會重新累計。在一般的民營機構，尤其是中小企業，能夠連續十五年以上在同一家公司工作的勞工本來就不多，而根據統計，臺灣的中小企業的平均存續期間不到十四年，就算勞工願意與企業「共存亡」，往往也領不到退休金。在過去資方惡性倒閉，老闆拿了勞工退休金避不見面，勞工集結抗議領不到退休金的情況時有所聞。目前單純屬於勞退舊制的勞工人數已不多，僅四十一萬人，另有八十四萬人選擇勞退新制，同時保留舊制年資[7]。

民國九十四年七月一日起實施的勞退新制後，除了原先適用舊制的勞工可以選擇原舊制或加入新制外，在此之後就業的人均適用新制，因此各位讀者將來進入職場一律適用新制。前面曾介紹過，新制是一種「個人帳戶制」，雇主和勞工提撥的退休金均放在勞工個人名下，因此即使換工作，也只是換一個雇主提撥而已，不大可能出現「破產」或「領不到」的問題。

勞退基金的提撥與勞保類似，也是以勞工的薪資為基準。只是薪資級距的分類上，勞退分為十一組，共六十一級距，比勞保要細得多（見**附錄二**）[8]。勞工依實際薪資對照表中的級距，雇主按級距的薪資提撥不低於工資6%（通常就是6%）到勞保局之勞工個人退休金帳戶之退休金。我們再以前面的阿榮為例，月薪三萬元的他，屬於薪資級距第五組，第二十五級距（二萬八千八百零一至三萬零三百元），因此阿榮的老闆每月要替他提撥的退休金額為：

30,300元×6%＝1,818元

勞工也可以自行提撥，上限6%，也是一千八百一十八元。這部分完全屬於自願，且提撥的部分享有稅賦優惠，只是新制實施至今，自行提撥的人數相當少，僅三十六萬人，約占參與勞退新制總

[7]根據勞動部民國一〇四年十二月底的資料。

[8]讀者可以在勞委會網站http://www.bli.gov.tw下載。

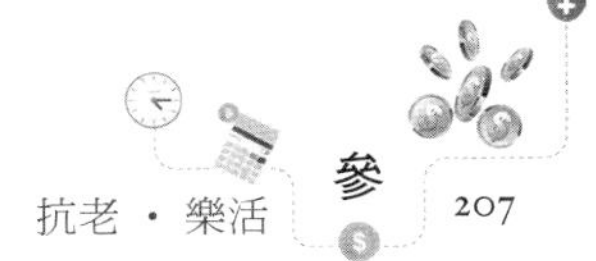

人數的5.0%。

在勞退新制的架構下，提撥進勞工退休金帳戶的錢就是勞工自己的，請領條件也簡單得多。不論是否已退休，年滿六十歲就可以領，提撥滿十五年者領月退，也就是月領年金，直到身故；未滿十五年則一次領。至於可以領多少，就得看累積期間這筆退休金的投資收益有多少，不再是一筆固定的錢，每個人領到的可能也不一樣。本章後面會舉一例說明。

新制的勞工退休金由於是個人帳戶，只要存進去就是自己的，不會領不到。雖然在退休金的累積上，本書曾提及「大鍋飯」式的集合管理並不合時宜，但至少可以保障資產不致縮水。並且勞退條例還明文規定，勞退的投資收益不得低於二年期定存利率，不夠的話國庫補足[9]。最近吵得沸沸揚揚，勞保老年年金可能面臨的破產危機，在勞退新制下是不大會發生的。

至於採用新制能領到多少錢、目前個人專戶裡已累積了多少金額，可以用自然人憑證到「勞保局e化服務系統」查詢（網址:https://edesk.bli.gov.tw/na/）；也可以用勞動保障卡、郵政金融卡查詢。值得一提的是，雇主雖然每月替員工提撥退休金，但基於個人資料保護法之規範，保護勞工隱私權，雇主不得私自查詢員工退休金帳戶的金額。

勞退新制既然沒有破產問題，領多少也是看個人帳戶的累積收

---

[9] 《勞工退休金條例》第二十三條第二項：「依本條例提繳之勞工退休金運用收益，不得低於當地銀行二年定期存款利率；如有不足由國庫補足之。」

益，因此在這波退休金改革上，沒有所謂的「多繳、少領、延退」的問題。

公教人員退撫基金　民國八十四年是公教退休制度改革相當重要的一年，公教人員退休金在這一年由原本的政府完全負擔（稱為「恩給制」），改為由政府和公教人員共同負擔（稱為「儲金制」）。從此公務人員的退休保障分為公保養老金和退休撫卹金二類，前者在第一層的公保養老給付已介紹過，這裡僅針對退撫基金作介紹。

退撫基金費用之提撥，是依公務人員、教育人員、軍職人員二倍本俸（不含加給）之8%至15%之費率計算，現行提撥費率為12%。每月應繳退撫基金費用總額中，政府撥繳65%、個人自繳35%。請領方面，退撫基金包括「退休」和「撫卹」二部分，此處僅介紹退休給付。

公務人員的退休資格，在民國九十九年七月由原先的「七五制」修正為「八五制」。所謂「八五制」是指年齡加上公務人員年資合計到八十五以上才能申請退休。例如，六十歲者必須年資達二十五年，或是五十五歲者年資要達三十五年的公務員，才能申請退休。至於給付方式，分為一次請領、月退休金，以及兼領月退休金等三種：

1.一次請領退休金：以退休生效日在職同等級人員之本俸二倍計算，乘上年資基數。每任職一年給予一・五個基數（超過六個月即算一年），最高三十五年給予五十三個基數。計算

結果即為一次可領的退休金。

2.月退休金：以退休生效日在職同等級人員之本俸二倍計算，每任職一年，照基數2%給與，最高三十五年，給予70%為限。現行每半年發放一次，分別為一月十六日及七月十六日發放。未來朝向每個月發放。

3.兼領月退休金：這部分有點複雜，簡單來說，公務人員可以選擇同時領上述二種退休金，額度各二分之一。其他軍、教、或特殊資格者可選擇各三分之一、三分之二，或各四分之一、四分之三的比例來領取。計算方式與上面相同。

公教人員的退撫制度計算起來其實相當複雜，除了有歷史沿革之外，職等、薪（俸）級、本俸、加給、公保養老金、18%等都有影響。不過公務人員退休制度是此波年金改革的重心，原因無他，過去有政府財源的支持，加上對公教人員的體恤，退休金「繳少領多」、「退休後收入比工作時還多」的狀況仍時有所聞。在政府財政不如過往，經濟環境、人口結構、投資效益均無法承受未來可能出現的潛在負債下，公教人員的退撫制度也面臨一再的改革。

公教人員保險和退撫改革其實多年來一直在進行，民國八十八年、九十五年、九十九年均作了調整，而目前年金改革方案中，退撫依舊是改革的重心。而正在研擬的改革，對於目前在職的公教人員影響較大，重點包括：

1.多繳部分：調整提撥負擔比例，現職公務員負擔比例由35%

增加到40%，甚至可能更高，而政府負擔則會從現行的65%下降。

2.少領部分：所得替代率上限規劃公教人員月退休金的所得替代率不得高於80%。至於少領部分的本俸倍數調降雖然降低了退休金給付，但也減少了提撥的保費，如：

(1)調整退休金計算基準：原本退休生效日之本俸造成計算基礎過高。自民國一〇五年起，由「最後在職十年平均俸額」逐年調降至以「最後在職十五年平均俸額」計算。此舉將進一步壓低本俸計算基準。

(2)調降退休金基數：自民國一〇五年起，由本俸二倍逐年調降至本俸一・六倍。例如以年資三十年，平均本俸四萬五千七百五十元（不含各項加給）計算，原本每月可領的退休金為：45,750元×2×2%×30＝54,900元，改革過後調降為：45,750元×1.6×2%×30＝43,920元。

3.延退部分：提高了退休金的請領門檻，由目前的「八五制」再延伸到「九〇制」。在民國一百一十一年以後，年齡加上公務人員年資合計要到九十以上才能申請退休。假如在二十五歲開始當公務員，民國五十年次的還適用「七五制」，民國五十五年次的就須適用「八五制」，民國五十八年次以後的就必須適用「九〇制」。惟幼兒園和國中小學教師仍維持「八五制」。

私校教職員工退撫　臺灣的私校教職員工是相當特殊的一群。

在職務上屬於教育工作者，但在職業別上不屬於公教人員（因非公家單位），也非勞工單位（不屬勞基法規範），在退休金的制度上沒有對應的位置，僅參與公保享有相關養老給付。

民國八十一年八月一日正式成立私立學校教職員工退撫基金，由各校按學費3%（高中以上）或2.1%（國中小）提撥，作為教職員工退休金給付之用，在民國九十九年以前均適用此制度。此制度仍屬恩給制的概念，退休時可領一次退休金，但如今同樣面臨了提撥不足以支應給付的危機。尤其在公立學校教職員於民國八十五年二月一日起施行退撫新制之後，公立學校教職員除了原有三節慰問金、子女教育補助、優惠存款之外，另可領月退休金。使得公私立學校的差距更加擴大，造成私立學校多數優良教師，在取得合格教師資格後，經由各種管道往公立學校流動。

民國九十九年一月一日開辦私校教職員工退休帳戶，仿勞退新制的個人帳戶制。由教職員、學校及教育行政主管機關按月提撥儲金，採分戶立帳、統一保管運用，每個教職員均設退撫儲金專戶，於在職時提撥退休準備金。基金來源是以教職員工本薪二倍之12%提撥，其中自繳35%、政府32.5%、私校32.5%。請領方式可以一次領取，也可以購買年金保險，享有領取年金的權利。

民國一〇三年起設立增額提撥，教職員可在原提撥的金額之外，自行提撥退休金至個人退撫儲金專戶，相當於勞退新制下的自行提撥。

私校教職員的退休制度改革其實是政府機關未來退休金改革的

良好示範。到目前為止，「個人帳戶制」的概念還沒有在軍公教退休制度下出現，其中對未來投資成效的不確定性，影響現有制度的權益為最大的阻力。但長遠來看，這才是活絡資金運用、減輕財政負擔的方向。

＊‖這樣算下來，你還想依靠強制性退休金嗎?!

我們已經大致瞭解臺灣的強制退休金制度，也就是第一、二層的部分。過去，當退休還不成為一個議題時，絕大多數勞工就是靠勞保＋勞退、公教人員就靠公保＋退撫，另外就是個人存款和子女奉養。不過大家心知肚明，第一、二層的退休金面臨了強大的改革壓力，銀行存款利率僅1%，少子化的結果就是不再能依賴下一代的孝心。面臨未來的退休生活，這一代年輕人應該早點有所體悟。

前面提到世界銀行提供一個70%所得替代率作為退休生活的基本門檻，下面我們舉一個例子，來看看僅依賴第一、二層的退休金制度到底夠不夠：

假設二十五歲的阿敏大學畢業後找到一份工作，月薪等於勞委會公布的大學生平均薪資二萬七千六百五十五元，依法每個月要提撥勞退新制的個人帳戶退休金。依照公告之「勞退月提繳工資分級表」（見**附錄二**），屬於二萬八千八百元這個級距。因此，每個月阿敏的雇主依法必須提撥的退休金是：

28,800元×6%＝1,728元

一年下來，阿敏的雇主要提撥1,728元×12＝20,736元，假設阿敏沒有自願提撥。然後，我們繼續對阿敏的職業所得和退休投資作一連串的假設。有時候這種假設不一定真實，但是可以作為參考。

假設阿敏每年加薪3%，每年退休金的投資報酬率為4%（這是目前勞退基金改革方案中的預定報酬率）。依照這樣下去，到了阿敏六十五歲退休的時候，月薪是九萬二千九百一十八元，屬於九萬六千六百元級距，每個月提撥五千七百九十六元。這四十年間的累積加上投資收益，到了退休那天，阿敏總共已累積三百六十六萬四千三百七十元退休金。

假設阿敏退休時拿了這筆錢，並沒有再作其他投資，而是以每年1%的存款利率存在銀行，預計每月固定提領一筆錢作為退休之用。再假設阿敏有二十年的退休日子要過，也就是二百四十個月，經過計算每個月可以領一萬六千八百五十二元[10]。

除了第二層的勞退新制之外，還有第一層的勞保老年給付。阿敏工作年資長達四十年（二十五至六十五歲），平均月投資薪資以最高的四萬三千九百元計算，我們用相當樂觀的方式，假設四十年後阿敏退休時勞保老年給付仍然存在，且制度與今日無異（這是相當樂觀的假設，因為目前的改革朝向領得更少）。阿敏退休後，每個月可以領二萬二千八百二十八元[11]。

---

[10] 讀者可以利用Excel試算軟體，參考公式PMI（1%÷12,240,3664370,0）來計算。

[11] 讀者可至勞委會網站：http://www.bli.gov.tw/cal/o;dPay.asp試算。假設以勞委會計劃改革方案：保險年資×平均月投保薪資×1.3%計算。

我們將以上二種法令上強制的退休金加總，阿敏退休後每個月可以領到勞退的一萬六千三百二十三元，和勞保老人給付的二萬二千八百二十八元，共三萬九千六百八十元。如果以阿敏退休前月薪九萬二千九百一十八元計算，退休後的所得替代率約為：

$$39{,}680 \div 92{,}918 = 42.7\%$$

以上是在相當樂觀的假設條件下作的推算，但仍然不到世界銀行設定的70%門檻。

如果讀者們認為每個月三萬九千六百八十元很夠用，在這裡必須提醒的是，這是四十年後阿敏所能拿到的月收入，完全沒有考慮通貨膨脹的因素。如果以每年2%的物價上漲率來計算，四十年後的三萬九千六百八十元將只相當於今日的一萬七千九百七十一元[12]。

感到不夠了嗎？42.7%的所得替代率大概只能「溫飽」。距離70%的門檻還有27.3%，如果想要在退休時過得更好，恐怕得在工作時累積更多。這時第三層的自行儲蓄和投資就會愈顯得重要，因為它代表了退休生活品質的好壞，這也是下一章所要討論的主題。

[12] $39{,}680 \div (1+2\%)^{40} = 17{,}971$

附錄一　勞工保險投保薪資分級表

勞工保險投保薪資分級表			中華民國105年11月3日勞動部勞動保2字第1050140619號令修正發布，自106年1月1日施行
投保薪資等級	月薪資總額（實物給付應折現金計算）	月投保薪資	日投保薪資
第1級	21,009元以下	21,009元	700元
第2級	21,010元至21,900元	21,900元	730元
第3級	21,901元至22,800元	22,800元	760元
第4級	22,801元至24,000元	24,000元	800元
第5級	24,001元至25,200元	25,200元	840元
第6級	25,201元至26,400元	26,400元	880元
第7級	26,401元至27,600元	27,600元	920元
第8級	27,601元至28,800元	28,800元	960元
第9級	28,801元至30,300元	30,300元	1,010元
第10級	30,301元至31,800元	31,800元	1,060元
第11級	31,801元至33,300元	33,300元	1,110元
第12級	33,301元至34,800元	34,800元	1,160元
第13級	34,801元至36,300元	36,300元	1,210元
第14級	36,301元至38,200元	38,200元	1,273元
第15級	38,201元至40,100元	40,100元	1,337元
第16級	40,101元至42,000元	42,000元	1,400元
第17級	42,001元至43,900元	43,900元	1,463元
第18級	43,901元以上	45,800元	1,527元
備註	■職業訓練機構受訓者之薪資報酬未達基本工資者，其月投保薪資分13,500元（13,500元以下者）、15,840元（13,501元至15,840元）、16,500元（15,841元至16,500元）、17,280元（16,501元至17,280元）、17,880元（17,281元至17,880元）、19,047元（17,881元至19,047元）及20,008元（19,048元至20,008元）七級，其薪資總額超過20,008元而未達基本工資者，應依本表第一級申報。 ■部分工時勞工保險被保險人之薪資報酬未達基本工資者，其月投保薪資分11,100元（11,100元以下者）及12,540元（11,101元至12,540元）二級，其薪資總額超過12,540元者，應依前項規定核實申報。 ■依身心障礙者權益保障法規定之庇護性就業身心障礙者被保險人之薪資報酬未達基本工資者，其月投保薪資分6,000元（6,000元以下）、7,500元（6,001元至7,500元）、8,700元（7,501元至8,700元）、9,900元（8,701元至9,900元）、11,100元（9,901元至11,100元）、12,540元（11,101元至12,540元），其薪資總額超過12,540元者，應依第一項規定核實申報。 ■本表投保薪資金額以新臺幣元為單位，日投保薪資金額角以下四捨五入。		

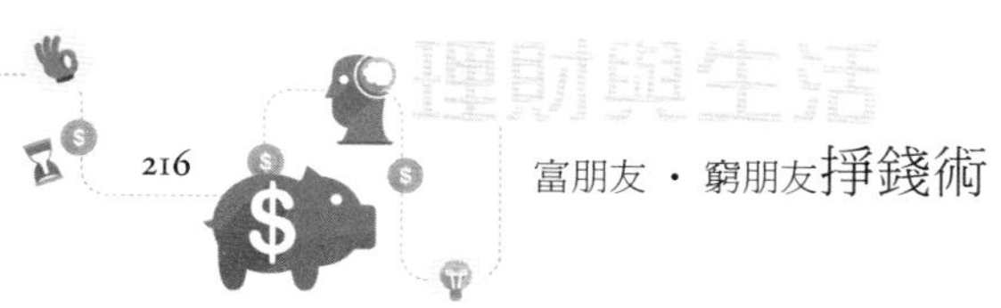

附錄二　勞工退休金月提繳工資分級表

級距	級	實際工資	月提繳工資
第1組	1	1,500元以下	1,500元
	2	1,501元至3,000元	3,000元
	3	3,001元至4,500元	4,500元
	4	4,501元至6,000元	6,000元
	5	6,001元至7,500元	7,500元
第2組	6	7,501元至8,700元	8,700元
	7	8,701元至9,900元	9,900元
	8	9,901元至11,100元	11,100元
	9	11,101元至12,540元	12,540元
	10	12,541元至13,500元	13,500元
第3組	11	13,501元至15,840元	15,840元
	12	15,841元至16,500元	16,500元
	13	16,501元至17,280元	17,280元
	14	17,281元至17,880元	17,880元
	15	17,881元至19,047元	19,047元
	16	19,048元至20,008元	20,008元
	17	20,009元至21,009元	21,009元
	18	21,010元至21,900元	21,900元
	19	21,901元至22,800元	22,800元
第4組	20	22,801元至24,000元	24,000元
	21	24,001元至25,200元	25,200元
	22	25,201元至26,400元	26,400元
	23	26,401元至27,600元	27,600元
	24	27,601元至28,800元	28,800元
第5組	25	28,801元至30,300元	30,300元
	26	30,301元至31,800元	31,800元
	27	31,801元至33,300元	33,300元
	28	33,301元至34,800元	34,800元
	29	34,801元至36,300元	36,300元
第6組	30	36,301元至38,200元	38,200元
	31	38,201元至40,100元	40,100元
	32	40,101元至42,000元	42,000元
	33	42,001元至43,900元	43,900元
	34	43,901元至45,800元	45,800元
第7組	35	45,801元至48,200元	48,200元
	36	48,201元至50,600元	50,600元
	37	50,601元至53,000元	53,000元
	38	53,001元至55,400元	55,400元
	39	55,401元至57,800元	57,800元
第8組	40	57,801元至60,800元	60,800元
	41	60,801元至63,800元	63,800元
	42	63,801元至66,800元	66,800元
	43	66,801元至69,800元	69,800元
	44	69,801元至72,800元	72,800元
第9組	45	72,801元至76,500元	76,500元
	46	76,501元至80,200元	80,200元
	47	80,201元至83,900元	83,900元
	48	83,901元至87,600元	87,600元
第10組	49	87,601元至92,100元	92,100元
	50	92,101元至96,600元	96,600元
	51	96,601元至101,100元	101,100元
	52	101,101元至105,600元	105,600元
	53	105,601元至110,100元	110,100元
第11組	54	110,101元至115,500元	115,500元
	55	115,501元至120,900元	120,900元
	56	120,901元至126,300元	126,300元
	57	126,301元至131,700元	131,700元
	58	131,701元至137,100元	137,100元
	59	137,101元至142,500元	142,500元
	60	142,501元至147,900元	147,900元
	61	147,901元以上	150,000元

備註：本表月提繳工資金額以新臺幣元為單位，月提繳工資金額角以下四捨五入。

註：中華民國105年11月3日勞動部勞動福3字第1050136323號令修正發布，自106年1月1日生效。

救命的關鍵報告：搞懂你的退休投資

本書談到這裡，讀者們應該對於投資理財的觀念、技能，以及對退休金的認識都有了初步的概念。其實，在接觸投資理財的過程中，不大需要一下子就深入到多麼精細的技巧，瞭解概念就好。

我們歸納一下第貳篇和第參篇的幾個重點：

1.投資商品的風險，和投資人的虧損承受度是兩個不同的觀念。
2.任何一個投資人，都可以投資不同風險的商品。
3.投資人對虧損承受的差異，受投資目標、投資期間、預定報酬、本金多少的影響而不同。
4.賺錢是投資理財的結果，不是目的。
5.退休是這一代年輕人很遙遠，但不得不去面對的一個問題。

在臺灣目前的退休金制度下，不論是軍公教人員還是勞工，政府主辦的強制性基礎年金（第一層）加上職業年金（第二層）可能無法提供令人滿意的退休生活。

上一章的最後，我們用一種樂觀的假設方式，計算了阿敏在工作大半輩子之後，依靠政府強制性退休金計劃，包括勞保老年年金，以及勞退新制二項，估計出退休後每個月大約能夠拿到三萬九千六百八十元的退休金，所得替代率為42.7%。只是，若用現在的眼光看，這未來將近四萬元的月所得，約當是現在的一萬七千九百七十一元的購買力，維持溫飽可能沒什麼問題，但要求好一點的退休生活就不容易了，同時也達不到世界銀行設定的70%門檻。

在最後一章，我們會加上最重要的一個重點：**退休生活要過得好，還是得靠自己。**每個人最好要有私人的退休金準備，也就是退休金架構裡的第三層支柱。

將投資理財觀念和退休金投資作一個結合，一個長期且必須達成的投資目標就呼之欲出了。公辦強制性的退休金只能給予最基本的退休生活所需，如果你能夠真正認識到投資本質，瞭解自己，那麼，「靠自己」存退休金便是順理成章的事。

＊‖該怎麼規劃和設定退休目標

如果用一個最低的標準，也就是70%的所得替代率來估計，阿敏在退休後每月所得應該要有六萬五千零四十三元的水準（92,918元×70%）才行。可是阿敏的勞保老年年金加上勞退新制，每個月僅能提供三萬九千六百八十元，差額的二萬五千三百六十三元

（65,043－39,680）就必須靠自己了。

假設阿敏今年二十五歲，還要四十年才退休，退休後每個月可以領二萬五千三百六十三元，連續領二十年。這就是阿敏在退休投資上設定的目標。

為了達到這個目標，阿敏規劃開始在工作期間的每月定時定額投資計劃。**首先是投資金額設定的衡量。**假設阿敏目前月薪二萬七千六百五十五元，每個月僅能再拿出三千元作定時定額，但未來每過十年，月投資會增加一千元。也就是說，在阿敏三十五歲以後每個月可投資四千元，四十五歲以後每個月可投資五千元，五十五歲以後每個月可投資六千元，直到六十五歲。

第二是投資期間的設定。阿敏的退休金累積期間是四十年，算下來是四百八十個月；另外，粗估退休後有還有二十年的生活要過，也就是二百四十個月的時間，假設阿敏決定退休後不再做其他投資活動，只把累積的退休金放在年息1%的銀行定存。

接下來我們要決定這個計劃的投資屬性。用EXCEL試算軟體可以列出這段期間的投資明細如**表一**。

如果以年化報酬率4.6%計算，四十年後當阿敏退休時，他的退休金計劃應可累積五百四十六萬六千五百九十九元。我們再用EXCEL當中的PMT公式，將五百四十六萬六千五百九十九輸入，加上餘生二百四十個月（二十年），定存利率1%，可以計算出阿敏退休後每個月可領二萬五千一百二十元。大約可達成設定的每月領回二萬五千三百六十三元的目標。

表一　阿敏的退休投資計劃

年齡	月數	定時定額	累積本利	投資期間年報酬
25	1	3000	3,012	4.60%
	2	3000	6,035	
	3	3000	9,069	
	4	3000	12,115	
	5	3000	15,173	
	6	3000	18,243	
	7	3000	21,324	
	8	3000	24,418	
	9	3000	27,523	
	10	3000	30,640	
	11	3000	33,769	
	12	3000	36,910	
26	13	3000	40,063	
	14	3000	43,228	
	15	3000	46,405	
⋮	⋮	⋮	⋮	⋮
	466	6000	5,099,543	
	467	6000	5,125,115	
	468	6000	5,150,784	
64	469	6000	5,176,552	
	470	6000	5,202,418	
	471	6000	5,228,384	
	472	6000	5,254,449	
	473	6000	5,280,614	
	474	6000	5,306,879	
	475	6000	5,333,245	
	476	6000	5,359,712	
	477	6000	5,386,281	
	478	6000	5,412,951	
	479	6000	5,439,724	
65	480	6000	5,466,599	

表二　阿敏退休投資計劃（續）

退休年齡	65	歲
預計餘生	240	月
退休累積本利存款利率	1%	
退休後每月可領	$25,120	公式：PMT（1%÷12,240,－5,466,599,1）

註：其他詳細的規劃與說明請見本章最後的關鍵報告。

以上是阿敏退休計劃的試算範例，雖然看起來解決了問題，但明眼的讀者們應該很容易看出來，這個計劃實在有點陽春。不是計算方法上的問題，而是假設上的問題。這些問題是：通膨問題、醫療支出問題、長期投資風險問題。

◎通膨問題

在上一章中，我們提到阿敏的勞保老年年金，加上勞退新制，每個月可領三萬九千六百八十元。但經過物價調整後，實際上只值今日的一萬七千九百七十一元。同樣的，加入自行退休投資每月可領二萬五千一百二十元，總共六萬四千八百元，就算達到了70%的所得替代率。經過物價調整後也只值今日的二萬九千三百四十七元[1]。

不僅如此，退休後的二十年也同樣有物價上揚的問題。我們同樣以物價膨脹率每年2%計算，到了退休二十年後的八十五歲，每個月的六萬四千八百元，只相當於六十五歲時的四萬三千六百零九元[2]，今日的一萬九千七百五十元[3]。意思是在退休的二十年間，阿敏

[1] 64,800÷（1＋2%）^{40}＝29,347

[2] 64,800÷（1＋2%）^{20}＝43,609

[3] 64,800÷（1＋2%）^{60}＝19,750

會覺得錢愈來愈薄，愈用愈少。

因此，如果考慮物價問題，阿敏恐怕要提高每個月的投資額，或是提高預定的年報酬率，也就是改變投資屬性。例如每個月由三千元提高到三千五百元，或是將預定報酬率由4.6%提高到5%、甚至6%。不過，只要投資屬性改變，阿敏就得調整其投資行為。

以下將各種情境作一總表（見**表三**）：

表三　考慮到物價膨脹率前後的阿敏退休投資計劃，退休後之月領所得

預定年報酬率 期初月投資額*	4.6%	5%	6%
3,000	25,120	27,578	35,120
3,500	28,293	**31,098**	39,719
4,000	**31,466**	34,619	44,317

註：*為期初投資額，每十年增加1,000元。

如果將上表的各個情境，分別加上勞保老年年金和勞退月退休金共三萬九千六百八十元，我們來看看所得替代率的變化為何？

表四　不同情境的退休投資計劃，退休後所得替代率

預定年報酬率 月投資額*	4.6%	5%	6%
3,000	70%	72%	81%
3,500	73%	76%	85%
4,000	77%	80%	90%

註：*為期初投資額，每十年增加1,000元。

◎醫療支出問題

除了物價問題之外，另一個在退休投資上常被忽略的是老年醫療部分。

我們在年輕時候所作的投資計劃，往往是根據當下的經濟條件、所得水準、生活需求，不容易想像未來生活會出現什麼變化。好比將退休所得替代率訂在退休前所得的70%，是假定沒有工作後，一些工作上必要的，像是社交、應酬、餐費、服裝、交通等等約占所得的30%的支出可能不再需要，剩下70%足以提供一般生活所需。實際上，退休後步入老年，部分人或許不需要交際應酬、環遊世界、或是參加老人社團，但在醫療方面的支出，每一個人都將無可避免的增加。年輕人看病的機會少，開銷不大，因此在規劃退休金時往往容易忽略醫療支出的需求。

根據行政院衛生福利部的統計，臺灣二十至二十九歲的民眾平均每人每年的醫療支出為一萬二千零八十一元；然而，隨著年齡上升而增加，六十至六十九歲退休前後的民眾平均就醫支出已達五萬九千五百八十八元，八十歲以上更高達九萬七千六百三十六元，是二十歲族群的八・一二倍。（見**圖一**）現在不大需要看醫生，不代表未來也不需要；相反的，人在退休後，醫療支出往往是最需要注意的。

有人說，臺灣有獨步世界的全民健保制度，帶給多數民眾完善又不昂貴的基礎醫療服務，醫療支出似乎不會是太大的問題。姑且不論全民健保的財務是否能夠永續經營，二代健保實施後個人的

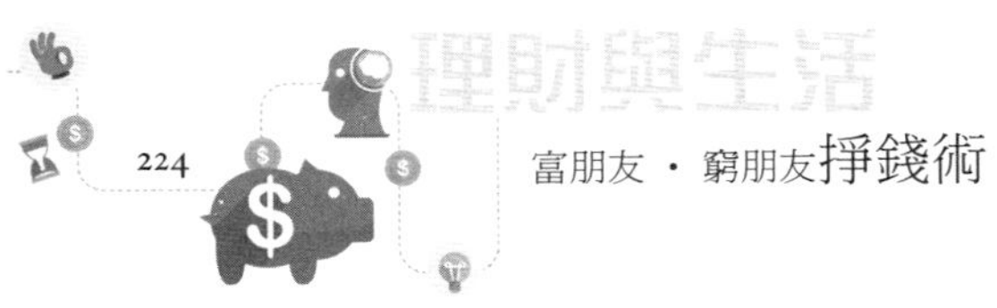

圖一　臺灣地區民眾就醫支出統計（民國103年）

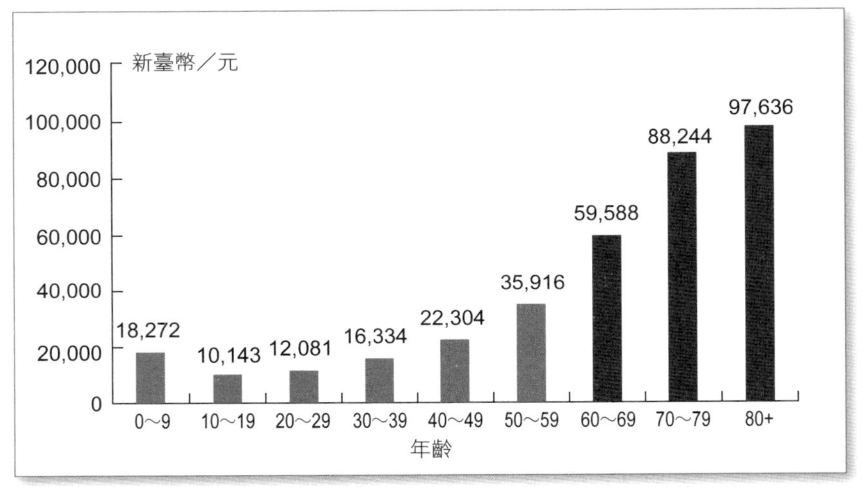

資料來源：內政部衛生福利部。

醫療支出負擔已經提高，退休後的醫療項目往往遠比看病支出多得多。好比自費藥物、看護、長期照顧、復健、安養支出等等。有些不在健保的保障範圍內，必須尋求商業保險或其他管道，因此在退休準備上也必須考慮這方面的需求。

我們以**圖一**的資料詳細計算一下，黑色部分是六十歲以上的老年人的醫療開銷，目前臺灣的平均壽命已接近八十歲，如果以這個平均數字為準，一個六十五歲的退休人士，在他的退休生涯中，平均得花一百三十萬元左右的醫療費用[4]。如果阿敏希望六十五歲退

[4] 59,588×5＋88,244×10＋97,636×1＝1,278,016≒130萬

休後還有二十年餘命，醫療費用恐怕要高達一百七十萬元[5]！這些醫療支出是在當初的退休所需規劃以外的。在未來，平均壽命應該會不斷增加，醫療開支會節節升高，到了阿敏真正要退休的時候，醫療支出應該遠高於一百七十萬元的水準。

如果要在退休投資當中考慮加入醫療支出，六十五歲退休初期，每年平均在醫療上要支出將近六萬元（五萬九千五百八十八元），相當於每個月需要額外增加五千元的支出。隨著年齡增加，醫療支出隨之提高，到了八十歲以後每年將近十萬元，相當於每個月八千元的支出。因此，工作期間每期投資在退休金的金額勢必要提高。在**表三**中，阿敏在期初每個月投資三千元，在4.6%的年化報酬率下，尚可以維持70%的所得替代率（勞保＋勞退的三萬九千六百八十元，以及加上自行投資的月所得二萬五千一百二十元）；如果再加上醫療開銷的準備，在勞保＋勞退無法再增加的前提下，自行投資月所得至少要增加五千元。期初至少每個月需要投資四千，年化報酬仍設定4.6%（見**表三**，自行投資月所得三萬一千四百六十六元），或是月投資三千五百元，年化報酬設定5%（見**表三**，自行投資月所得三萬一千零九十八元）。這時，所得替代率分別增為77%及76%。如果自行投資月所得要增加到八千元，這時的月投資金額或年化報酬率便還得要再提高才行。

---

[5] 59,588×5＋88,244×10＋97,636×5＝1,668,560≒170萬

◎長期投資風險問題

在**表一**中，我們試算了阿敏長達四十年期的退休投資計劃。在期初每月投資三千元，每十年月投資額增加一千元，在4.6%的年化報酬下，退休時可得五百四十六萬六千五百九十九元。再將這筆錢放入年息1%的定存，退休後月領二萬五千一百二十元，達成退休二十年，所得替代率70%的目標，整個計劃看似相當完備。

不幸的是，金融世界從來沒有如此美好，美好到在四十年前就能完美算出四十年後的投資收益。如果讀者有詳讀本書第六章，就應該清楚的認識到，投資是有其風險的，而風險，就是那些想像得到或想像不到的事真的發生了，造成了和原先預期不同的結果。

舉個簡單的例子。大多數人會認為「定存」是一件沒有風險的事。因為無論外在環境怎麼變化，定存總拿得回本金加利息。在中央存款保險制度下，即使銀行倒閉，個人三百萬以內的存款還是有保障的。

但是，「定存」這個投資行為還是有風險的，最大的風險就是利率環境的變化。假設阿擇在民國七十二年時正好三十五歲，並選擇最保守的存款方式累積退休金，每個月投資四千元在銀行的定期存款帳戶，當時的平均利率水準是6%[6]。阿擇會想像三十年後退休

---

[6] 此處的新臺幣定存利率是引用中央銀行「本國銀行存款加權平均利率」資料，事實上在民國七十一年時的存款利率在9%左右，不過為求簡化，以每十年的平均存款利率作為代表。民國七十至七十九年平均存款利率為6.13%（以6%計算）、民國八十至八十九年為5.84%（以5%計算）、民國九十至九十九年為1.56%（以2%計算）。

時，帳戶會有四百零四萬元的退休金可用，資產累積的路徑，則如同**圖二**所示。

圖二　新臺幣定存資產累積模擬

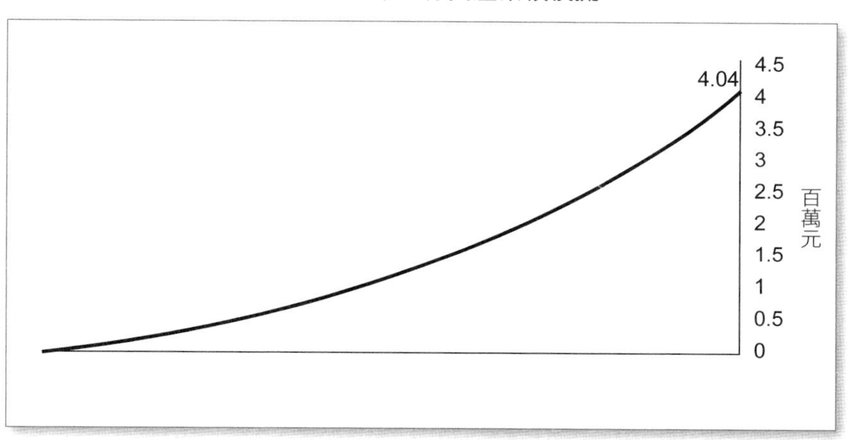

可惜的是，世界並非像想像中的完美，三十年前的阿擇，並無法想像到有一天會有華爾街的黑色星期一[7]、亞洲會出現金融風暴、網際網路泡沫化、金融海嘯、歐債危機、油價暴跌、英國脫歐、川普當選美國總統這些黑天鵝事件的發生。在當時高額的存款利率環境中，更難理解有一天利率會跌到只剩1%。但是，事實就是這麼發生了，平均利率水準從民國七十至七十九年的6%，到民國八十至八十九年的5%，就這麼發展到民國九十至九十九年的直直落

[7] 指一九八七年十月十九日星期一，美國華爾街股市出現重挫，道瓊指數一天暴跌五〇八點，跌幅22.6%。當天美國股市蒸發超過五千億美元。影響所及全球股市均出現災難式下跌，跌幅多在10%以上。

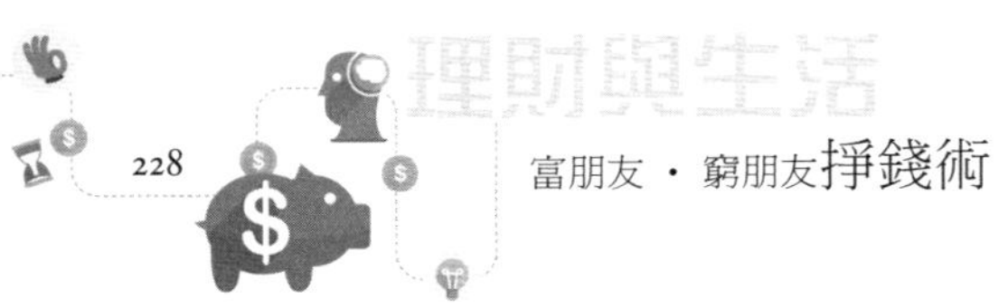

到不可思議的2%，更別說這幾年還都只剩下1%！

這下可糟了！**圖二**原本美好的曲線被硬生生往下拉到**圖三**的灰色曲線，四百零四萬降為二百六十二萬，少了一百四十二萬元！阿擇在民國一○二年面臨退休，但是辛苦存下的退休金卻縮水了，這時就連哭都哭不出來，直說該怎麼辦呀！

退休投資最大的挑戰，在於這麼長期的投資期間，世界會怎麼變化，在事前是完全無法預見的。即使大家眼中最保守的定存，也會面臨到長期利率水準下滑到極低的窘況。如果投資在風險性資產，無論是股票、指數、基金，還是連動債、高收益債、公司債，報酬和風險更難以事前衡量，因此投資報酬曲線往往不像試算時那麼盡如人意。長期的投資風險不但存在，而且無所不在。

退休投資在現代投資理財行為幾乎已成為不可或缺的一環。低利率的環境眼看還要維持很長的一段長時間，即使未來利率有一天

圖三　新臺幣定存資產累積（計劃與實際）

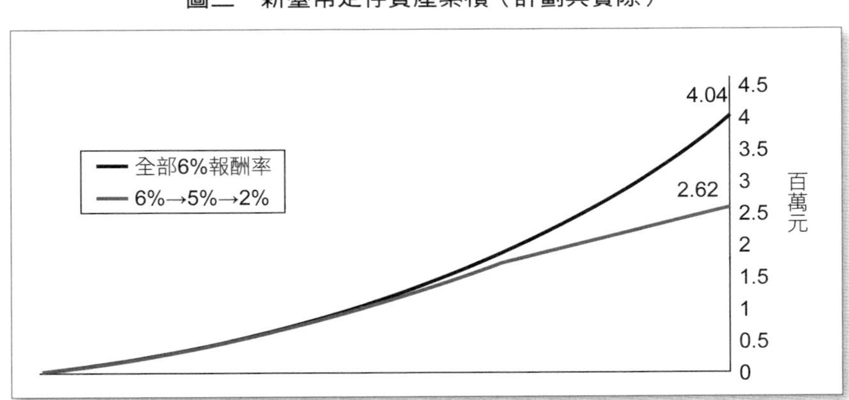

會回升，也不會有人願意等到那一天到來才開始退休資產的累積。因此，風險性資產的投資幾乎可說是年輕一代規劃退休理財必備的工具。只是，風險性資產本身的波動，往往又大到難以承受，退休理財要如何因應？

我們再拿一個股票型資產作說明。S&P 500指數是美國前五百大企業的綜合指數，是美國股票市場的代表性指數之一。以風險收益等級分類也應該屬於高風險（RR4），以它來當作風險投資的代表應該相當恰當。

假設一位名叫阿維的勞工在一九八三年（民國七十二年）七月開始投資S&P 500指數，每個月投資四千元，而且只進不出，儘管中間遇到百年難得一見的全球金融危機，到了二〇一三年（民國一

圖四　S&P 500指數30年走勢（1983/11至2016/11）

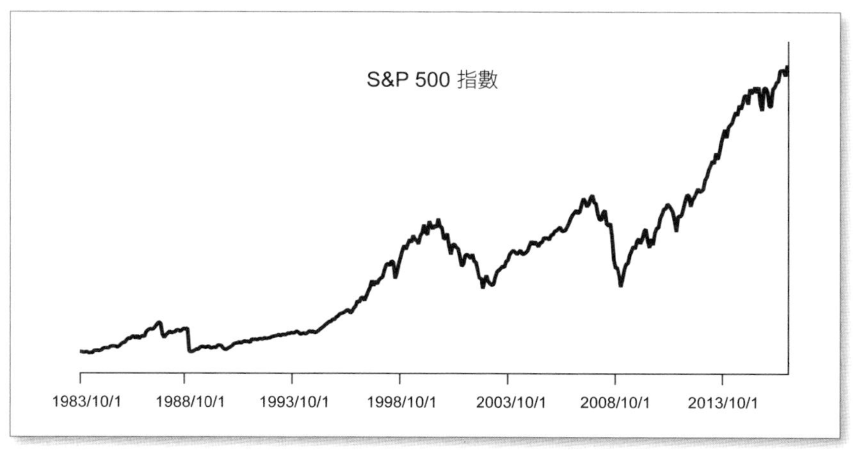

資料來源：彭博資訊。圖為將股息、股利、現金配發等還原後的結果。

圖五　1983年6月至2013年6月每月定時定額4,000元投資S&P 500指數的本利和

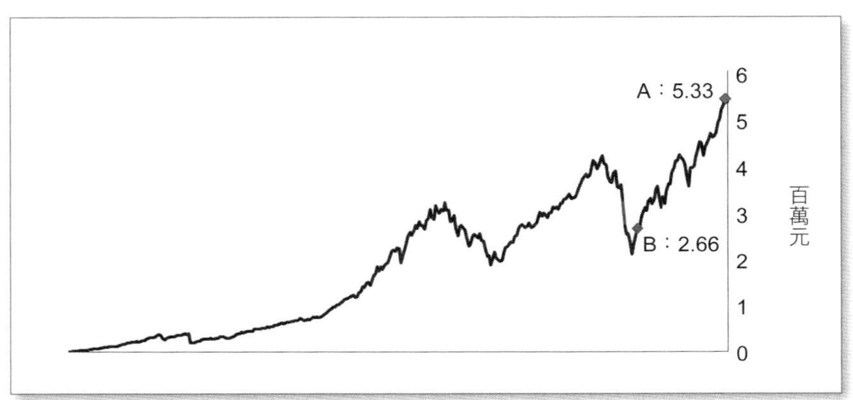

〇二年）六月面臨退休時，本利和總共有五百三十三萬元，如**圖五**的A點。

和前面的阿擇相比，阿維不作保守的定存，而把每個月的四千元投資在頗具風險的股票指數上。如果一切如此美好，三十年後阿維的確擁有比阿擇更高的報酬，多了約一百三十萬。然而，本書第貳篇曾提到過的「高投資風險，會有高預期報酬」，既然是「預期報酬」，就有可能不如預期。來看看接下來的例子：

萱萱是阿維的上司，比阿維大四歲，假設也在民國七十二年跟著阿維作每個月四千元的定時定額投資，也投資在S&P 500指數上。和阿維相比，萱萱的運氣差一些。雖然在二〇〇七年十二月一度超過四百萬元，但經過二〇〇八年的金融海嘯，到了二〇〇九年六月，萱萱六十五歲要退休時，發現長期累積的投資，到了退休時

資產縮水到剩下二百六十六萬元（見**圖五**的B點）。萱萱不禁感嘆時不我與，趕在金融海嘯後退休，讓大半輩子的心血瞬間縮水！

諷刺的是，四年後阿維退休了，只小自己四歲的阿維，這四年間持續扣款，總共十九・二萬元（4,000元×12月×4年），但經過美國帶領全球央行大印鈔票，拉抬資產價格，S&P 500指數頻創歷史新高，只差四年，阿維的退休金比自己足足多拿了一倍，想起來真是傷心！

從前面定存和S&P股票指數的例子當中，讀者們應該可以清楚地認知：退休資產的累積，並不是一條直線一路往上，而是充滿著起伏的可能。雖然長期而言，經濟是向上成長的，投資股市終究是會帶來不錯的報酬。但在過程中卻無可避免會有修正和衰退，但是對任何一個長期累積退休金資產的人來說，誰也不會知道衰退何時發生，幅度多大。如果正好在收割期發生，簡直會讓人欲哭無淚。這種長期投資風險，可能會在很久以後才發生，往往為人所忽略。

＊‖是學習管理風險，而不是躲避它

相較於通膨和醫療支出增加，在退休金投資規劃當中還能作一些對應，好比增加每月投資額，或是提高預定報酬率，用比較積極的投資行為來因應。但長期投資風險不來則已，一來難以應變，真的遇上的時候，難道只能認命？

當然不是！儘管沒有人手中有水晶球，能夠預知未來，但在不得不進行風險性資產的情況下，退休理財還是需要一些風險管理。

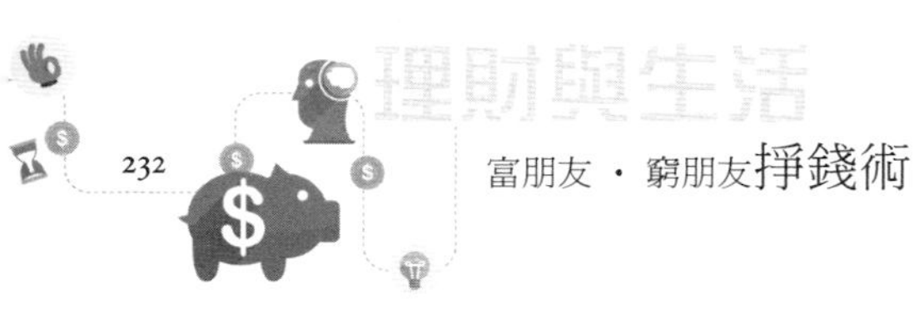

股市高手們可能提出相當多的指標和方法，告訴大家如何在快要下跌的前一刻將手中的部位清空。但這不是本書強調的風險管理，因為不是所有人都有時間和精力去分析和研究市場走勢。況且，退休金的投資期間極長，幾乎跨越了人一生的黃金時期，年輕時虧損承受度高，年長時會保守一些，面對同一個風險事件，風險態度都可能不同，幾個指標實在很難適用所有人。

本書在討論投資風險屬性時一直強調投資人本身的重要性，超越了任何技巧和指標。一個投資性格保守的人，你很難要求他當技術分析指標呈現底部向上時大膽進場，或是要持有到指標過熱才脫手。管理退休投資風險的方式，最好還是問問自己能夠承受多少。

我們再回到前面的例子。阿敏已經從前面的簡易計算中，以70%的所得替代率，設定退休後每月所得六萬五千零四十三元為目標。其中三萬九千六百八十元為勞保及勞退給付，除非計算方式改變或薪資所得增加，否則不易改變；剩下的二萬五千三百六十三元為自行投資，也是唯一可自行調整的部分。像本章提到若考慮物價和醫療支出，應該適時增加自行投資的金額。

如果考慮長期投資風險，阿敏思考：既然退休投資理財是趨勢，市場風險又不可避免，自己每天工作忙碌，不大可能專職每天看著股市起伏來買賣進出。自己能夠作的，就是回頭問問自己，可以接受多大的所得減少，把最大的風險容忍的界限畫出來。

阿敏認為，70%的所得替代率是維持退休生活的基礎，如果不幸遇上了巨大的風險，可以接受的最大風險是從70%降到60%。

也就是退休後每月所得從70%的六萬五千零四十三元，降為五萬五千七百五十元（92,918元×60%）。扣掉勞保老年年金和勞退給付共三萬九千六百八十元，自行投資供應每個月的退休收入變成：

55,750元－39,680元＝16,071元

接著回到本章的**表一**和**表二**，每個月定時定額三千元，每十年的月投資增加一千元，四十年的投資計劃，這些是不變的，變的是投資期間的年報酬。讀者們可以試算出要達到退休後二十年間，在1%的定存利率下，每個月能領取的退休金接近一萬六千零七十一元，投資期間的年報酬率會變成多少。**表五**和**表六**是計算的結果：

表五　阿敏退休投資計劃——最低接受度一

年齡	月數	定時定額	累積本利	投資期間年報酬	退休時累積本利
25	1	3000	3,007	2.60%	3,531,660
	2	3000	6,020		
	3	3000	9,039		
	4	3000	12,065		
	5	3000	15,098		
	6	3000	18,137		
	7	3000	21,183		
	8	3000	24,235		
	9	3000	27,294		
	10	3000	30,360		
	11	3000	33,432		
	12	3000	36,511		
26	13	3000	39,597		
	14	3000	42,689		

表六　阿敏退休投資計劃——最低接受度二

退休年齡	65	歲
預計餘生	240	月
退休累積本利存款利率	1%	
退休後每月可領	$16,228	公式：PMT（1%÷12,240,－5,466,599,1）

試算結果顯示，阿敏最低可以接受的 60% 所得替代率，退休後每個月可以領的部分，從原本的二萬五千一百二十元降為一萬六千二百二十八元，所得替代率接近 60%。這中間有八千八百九十二元的差距，等於是自行投資的結果減少了 35%：

（16,228－25,120）÷25,120≒-35%

-35%就是阿敏在自行投資下，所能承擔最多的退休所得減少程度。這不是投資上的損失，也不是停損點，而是在任何投資機會選擇中不能碰觸到的下限。

事實上在這樣的情境下，阿敏的退休計劃還是有2.6%的年報酬率，只是從原本的4.6%降下來了。老實說年報酬率2.6%的投資計劃，並不算積極冒險，只要阿敏控制好停利停損，持續投資，不需要承擔太高的風險應可達成。但這只是阿敏能接受最低的退休生活，並不是他希望的結果。如果要好一點的品質，就需要更多的財務支持，這時投資目標就得設定更高。

上面的例子是在現行制度下，針對一個典型的年輕人的退休規劃所作的範例。當然，每個人狀況不同，需求各異，讀者不妨試著

用本章的作法，規劃出屬於自己的退休計劃。

另外，還有三個地方需要注意：

1.在年金改革的大方向下，目前公保、勞保、軍公教退撫制度均將面臨改革，而「多繳、少領、延退」已是必然結果。由於最終方案仍未定案，前面的例子仍以現行制度為基準，未來改革定案後，公辦退休金計劃無論是第一層還是第二層，對未來退休所得的貢獻勢必下降，自行投資的重要性也將益顯重要。讀者在規劃退休投資時必須注意制度上的變化。

2.不論是4.6%，還是2.6%，在長達四十年的退休投資計劃中，都是「年化平均報酬」，不是每年都以4.6%或2.6%為目標。在年輕時有時間等待（但可能沒錢），可以拉長低檔加碼，在價格低的時候累積本金，暫時不用太過計較每個月是否達到平均報酬。只要標的具有波動性，且經濟基本面不致太差，等到景氣回升時，價格會快速反應，由於在低點時累積夠多，將會帶來豐厚的報酬。到了愈接近中年，甚至即將退休，沒有太多時間可供揮霍和等待，投資行為自然會傾向保守，以波動性較低的商品為主。這種依照人生不同階段的投資行為稱為「生命週期投資」。（簡單以**圖六**表示）

3.退休金投資和管理是一門高度專業且複雜的學問，實際的操作上還需要相當多的細節和技術。這也是為什麼在國外被視為一個專門的產業，有專門的人才和技術投入，也有相當多樣的商品提供不同需求的投資人。世界環境變化快，多數的

圖六　生命週期投資模式（以阿敏為例）

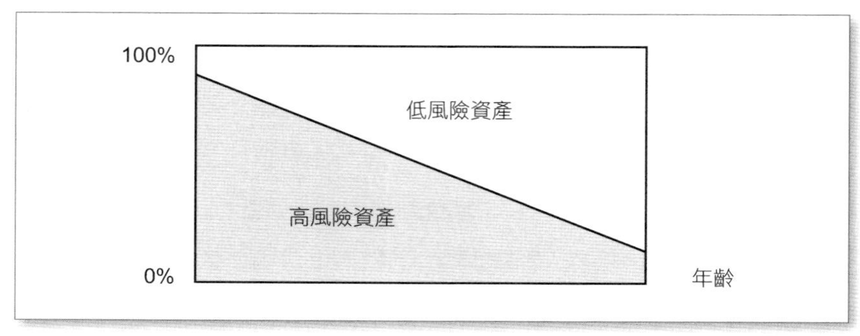

工作者發覺，愈來愈難依靠自己，在工作、家庭、子女已占去大部分時間的情形下，還能有充足的心力為長期投資奮戰。依靠自己是未來退休投資的趨勢，但並不表示退休投資都需要自己動手。像是財務專業所設計的各種不同的退休投資商品可以分攤這部分的需求。例如保本型商品、保證型商品、指數化商品、生命週期商品等等。這些都需要專業的分析和建議，才能從中挑選出適合自己的商品。因此，這一代人的退休觀念，除了投資之外，瞭解投資的商品也會是重要的一部分。

目前在臺灣，老年化議題愈來愈受到重視，政府也在著手因應老年化社會到來的變遷，採取對應的措施。像是長照法已通過，壽險業可從事長期照護事業；投保長期看護險可享額外的免稅額；未來健保費當中也會有一部分用作長期看護經費等等。在退休金投資

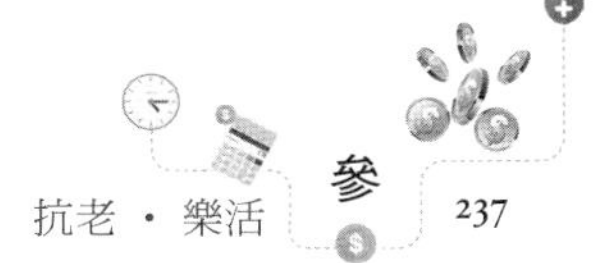

上，除了現在進行中的公辦強制性退休計劃的改革；未來其他型式的退休投資方式，像是個人自願提撥也可能會出現；另外，退休後的年金保險、延壽保險等，讓退休後仍可進行不間斷的投資，讓退休金繼續創造更好的收益，豐富退休生活。

最後也是最重要的是，本章所試算的退休金是基於一個極簡化的假設：人的財富是以極少的比例緩慢增加。事實上，經過個人的努力與創新、學習和提升，價值會不斷提高，反應在個人的財富上也會改變增加的路徑，那麼包括退休等其他財務目標也就更有可能達成。因為，人才是最大的資產。

【關鍵報告】

關鍵報告一　個人醫療支出試算表

民國103年			
	人口數（A）	醫療支出（百萬）（B）	平均＝（A）／（B）
0-9	2,021,938	**36,945**	18,272
10~19	2,773,163	**28,127**	10,143
20~29	3,207,120	**38,744**	12,081
30~39	3,949,719	**64,514**	16,334
40~49	3,639,762	**81,183**	22,304
50~59	3,585,987	**128,794**	35,916
60~69	2,313,255	**137,842**	59,588
70~79	1,239,081	**109,342**	88,244
80+	703,728	**68,709**	97,636

說明：這是計算臺灣民國103年各年齡層的每人每年平均醫療支出試算表。

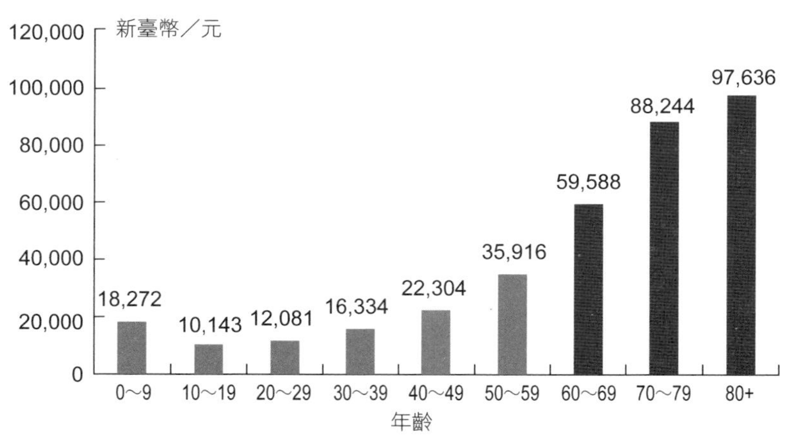

關鍵報告二　達到目標金額的試算

目標	300萬元	每月投資金額	-4000
退休年齡	65歲	退休年齡	65歲
現在年齡	25歲	現在年齡	25歲
年化報酬率	4%	年化報酬率	6%
每月投資金額	-$2,529.72	退休累積金額	$8,005,793

說明：這是退休金投資的目標計算，左邊是每月投資金額，右邊是退休時會有多少錢。

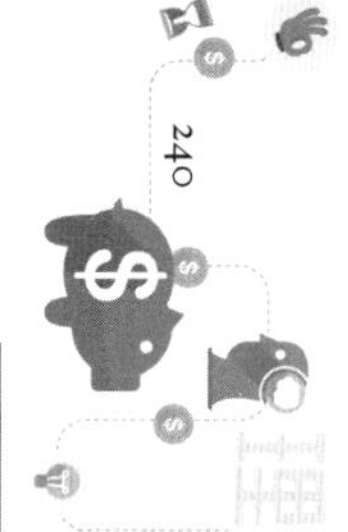

關鍵報告三　資產累積不是一條直線

	月投資額[I]	定存6%[II]	累積本利[III]	定存6%、5%、2%[IV]	累積本利[V]
1	4,000	6%	4,020	6%	4,020
2	4,000	6%	8,060.1	6%	8,060.1
3	4,000	6%	12,120.4	6%	12,120.4
4	4,000	6%	16,201	6%	16,201
5	4,000	6%	20,302.01	6%	20,302.01
6	4,000	6%	24,423.52	6%	24,423.52
7	4,000	6%	28,565.64	6%	28,565.64
8	4,000	6%	32,728.46	6%	32,728.46
9	4,000	6%	36,912.11	6%	36,912.11
10	4,000	6%	41,116.67	6%	41,116.67
11	4,000	6%	45,342.25	6%	45,342.25
12	4,000	6%	49,588.96	6%	49,588.96
⋮	⋮	⋮	⋮	⋮	⋮
121	4,000	6%	666,108.9	5%	665,557
122	4,000	6%	673,459.5	5%	672,346.4
123	4,000	6%	680,846.8	5%	679,164.5
124	4,000	6%	688,271	5%	686,011.1
125	4,000	6%	695,732.4	5%	692,886.1
⋮	⋮	⋮	⋮	⋮	⋮
241	4,000	6%	1,870,711	2%	1,715,613
242	4,000	6%	1,884,085	2%	1,722,479
243	4,000	6%	1,897,525	2%	1,729,357
244	4,000	6%	1,911,033	2%	1,736,246
245	4,000	6%	1,924,608	2%	1,743,146
⋮	⋮	⋮	⋮	⋮	⋮
309	4,000	6%	2,950,647	1%	2,207,715
310	4,000	6%	2,969,420	1%	2,213,558
311	4,000	6%	2,988,288	1%	2,219,406
312	4,000	6%	3,007,249	1%	2,225,259
313	4,000	6%	3,026,305	1%	2,231,117
⋮	⋮	⋮	⋮	⋮	⋮

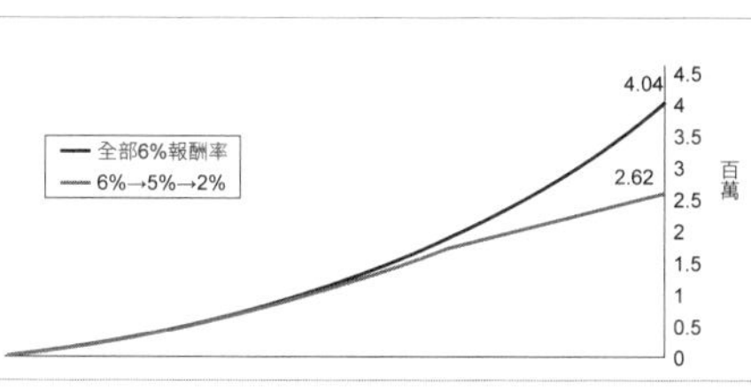

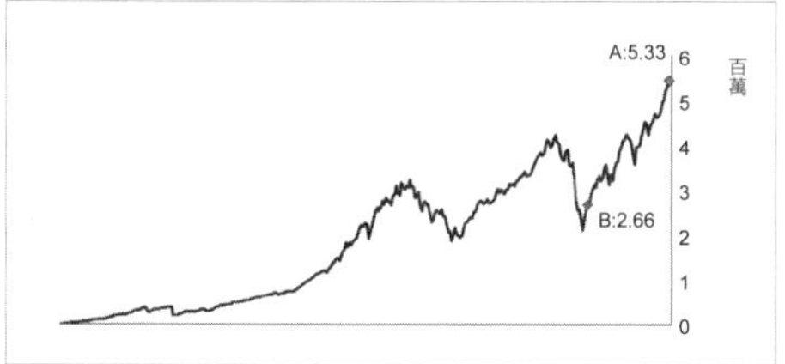

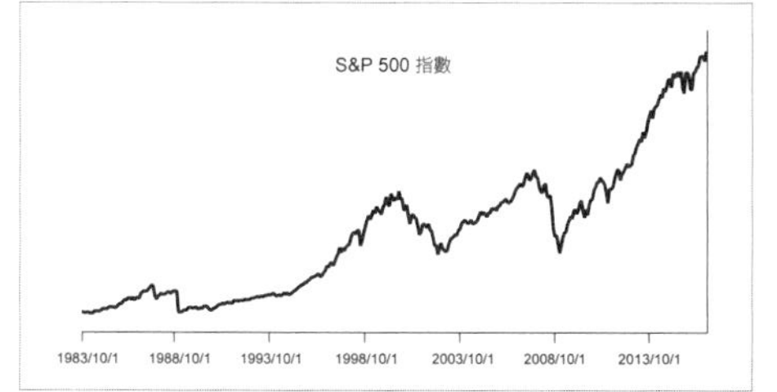

月投資額[VI]	SPXT index[VII]		投資期間	304.95[VIII]
	利率	累積本利		
4,000	-3%	3,882	1983/7/29	295.95
4,000	2%	8,000	1983/8/31	300.4
4,000	1%	12,166	1983/9/30	304.54
4,000	-1%	15,979	1983/10/31	301.02
4,000	2%	20,400	1983/11/30	307.37
4,000	-%	24,273	1983/12/30	305.77
4,000	-1%	28,115	1984/1/31	304.06
4,000	-4%	30,985	1984/2/29	293.36
4,000	2%	35,591	1984/3/30	298.44
4,000	1%	39,966	1984/4/30	301.27
4,000	-6%	41,534	1984/5/31	284.6
4,000	2%	46,522	1984/6/29	290.78
⋮	⋮	⋮	⋮	⋮
4,000	0%	627,550	1993/7/30	539.16
4,000	4%	655,516	1993/8/31	559.62
4,000	-1%	654,460	1993/9/30	555.33
4,000	2%	672,084	1993/10/29	566.82
4,000	-1%	669,631	1993/11/30	561.41
⋮	⋮	⋮	⋮	⋮
4,000	2%	2,328,154	2003/7/31	1434.33
4,000	2%	2,377,632	2003/8/29	1462.3
4,000	-1%	2,356,339	2003/9/30	1446.77
4,000	6%	2,493,873	2003/10/31	1528.62
4,000	1%	2,519,852	2003/11/28	1542.07
⋮	⋮	⋮	⋮	⋮
4,000	9%	2,289,889	2009/3/31	1292.98
4,000	10%	2,513,435	2009/4/30	1416.73
4,000	6%	2,658,239	2009/5/29	1495.97
4,000	0%	2,667,524	2009/6/30	1498.94
4,000	8%	2,873,581	2009/7/31	1612.31
⋮	⋮	⋮	⋮	⋮

	月投資額[I]	定存6%[II]	累積本利[III]	定存6%、5%、2%[IV]	累積本利[V]
367	4,000	6%	4,210,189	1%	2,554,790
368	4,000	6%	4,235,260	1%	2,560,922
369	4,000	6%	4,260,456	1%	2,567,060
370	4,000	6%	4,285,779	1%	2,573,202
371	4,000	6%	4,311,228	1%	2,579,350
372	4,000	6%	4,336,804	1%	2,585,503
373	4,000	6%	4,362,508	1%	2,591,661
374	4,000	6%	4,388,340	1%	2,597,824
375	4,000	6%	4,414,302	1%	2,603,992
376	4,000	6%	4,440,393	1%	2,610,165
377	4,000	6%	4,466,615	1%	2,616,344
378	4,000	6%	4,492,969	1%	2,622,527
379	4,000	6%	4,519,453	1%	2,628,716
380	4,000	6%	4,546,071	1%	2,634,910
381	4,000	6%	4,572,821	1%	2,641,109
382	4,000	6%	4,599,705	1%	2,647,313
383	4,000	6%	4,626,724	1%	2,653,523
384	4,000	6%	4,653,877	1%	2,659,737
385	4,000	6%	4,681,167	1%	2,665,957
386	4,000	6%	4,708,592	1%	2,672,182
387	4,000	6%	4,736,155	1%	2,678,412
388	4,000	6%	4,763,856	1%	2,684,648
389	4,000	6%	4,791,695	1%	2,690,888
390	4,000	6%	4,819,674	1%	2,697,134
391	4,000	6%	4,847,792	1%	2,703,385
392	4,000	6%	4,876,051	1%	2,709,641
393	4,000	6%	4,904,452	1%	2,715,902
394	4,000	6%	4,932,994	1%	2,722,169
395	4,000	6%	4,961,679	1%	2,728,441
396	4,000	6%	4,990,507	1%	2,734,718
397	4,000	6%	5,019,480	1%	2,741,000
398	4,000	6%	5,048,597	1%	2,747,288
399	4,000	6%	5,077,860	1%	2,753,580
400	4,000	6%	5,107,269	1%	2,759,878
401	4,000	6%	5,136,826	1%	2,766,182

說明：

I.這是月投資額，每5年增加。

II.這一列是每月定存4,000元，共存30年。

III.這一列是30年利率均為6%的累積本利。

IV.這一列是利率從6%下降到5%，再下降到2%。

V.這一列是利率從6%下降到5%，再下降到2%。

月投資額[VI]	SPXT index[VII]		投資期間	304.95[VIII]
	利率	累積本利		
4,000	-3%	6,018,639	2014/1/31	3200.95
4,000	5%	6,298,150	2014/2/28	3347.38
4,000	1%	6,355,110	2014/3/31	3375.51
4,000	1%	6,406,113	2014/4/30	3400.46
4,000	2%	6,560,599	2014/5/31	3480.29
4,000	2%	6,700,199	2014/6/30	3552.18
4,000	-1%	6,611,738	2014/7/31	3503.19
4,000	4%	6,880,410	2014/8/31	3643.34
4,000	-1%	6,787,871	2014/9/30	3592.25
4,000	2%	6,957,761	2014/10/31	3679.99
4,000	3%	7,148,991	2014/11/30	3778.96
4,000	0%	7,134,971	2014/12/31	3769.44
4,000	-3%	6,924,657	2015/1/31	3656.28
4,000	6%	7,326,872	2015/2/28	3866.42
4,000	-2%	7,214,930	2015/3/31	3805.27
4,000	1%	7,288,193	2015/4/30	3841.78
4,000	1%	7,385,960	2015/5/31	3891.18
4,000	-2%	7,246,897	2015/6/30	3815.85
4,000	2%	7,402,818	2015/7/31	3895.80
4,000	-6%	6,959,933	2015/8/31	3660.75
4,000	-2%	6,791,621	2015/9/30	3570.17
4,000	8%	7,368,862	2015/10/31	3871.33
4,000	0%	7,394,783	2015/11/30	3882.84
4,000	-2%	7,282,090	2015/12/31	3821.60
4,000	-5%	6,924,531	2016/1/31	3631.96
4,000	0%	6,919,183	2016/2/29	3627.06
4,000	-7%	7,392,833	2016/3/31	3873.11
4,000	0%	7,425,518	2016/4/30	3888.13
4,000	2%	7,562,932	2016/5/31	3957.95
4,000	0%	7,586,547	2016/6/30	3968.21
4,000	4%	7,870,395	2016/7/31	4114.51
4,000	0%	7,885,457	2016/8/31	4120.29
4,000	0%	7,890,932	2016/9/30	4121.06
4,000	-2%	7,750,925	2016/10/31	4045.89
4,000	4%	8,042,129	2016/11/30	4195.73

說明：

VI.每月定存4000元，投資在S&P 500指數30年。

VII.這一列是S&P 500指數波動的利率及其累積的本利。

VIII.這一列是S&P 500總報酬指數。

關鍵報告四　阿敏的勞保加勞退

年齡	月所得	適用級距	提撥率 6% 每年提撥金額	提撥率 6% 累積提撥金額	投資報酬率 4% 累積退休金
24	27655	28800	20736	20736	21,565
25	28485	28800	20736	41472	43,993
26	29339	28800	20736	62208	67,319
27	30219	30300	21816	84024	92,700
28	31126	31800	22896	106920	120,220
29	32060	33300	23976	130896	149,964
30	33022	33300	23976	154872	180,897
31	34012	34800	25056	179928	214,191
32	35033	36300	26136	206064	249,941
33	36084	36300	26136	232200	287,120
34	37166	38200	27504	259704	327,209
35	38281	40100	28872	288576	370,324
36	39429	40100	28872	317448	415,164
37	40612	42000	30240	347688	463,220
38	41831	42000	30240	377928	513,198
39	43086	43900	31608	409536	566,598
40	44378	45800	32976	442512	623,557
41	45710	45800	32976	475488	682,795
42	47081	48200	34704	510192	746,199
43	48493	50600	36432	546624	813,936
44	49948	50600	36432	583056	884,383
45	51446	53000	38160	621216	959,444
46	52990	53000	38160	659376	1,037,508
47	54580	55400	39888	699264	1,120,492
48	56217	57800	41616	740880	1,208,593
49	57903	60800	43776	784656	1,302,463
50	59641	60800	43776	828432	1,400,089
51	61430	63800	45936	874368	1,503,866
52	63273	63800	45936	920304	1,611,794
53	65171	66800	48096	968400	1,726,286
54	67126	69800	50256	1018656	1,847,603
55	69140	69800	50256	1068912	1,973,774
56	71214	72800	52416	1121328	2,107,237
57	73350	76500	55080	1176408	2,248,810
58	75551	76500	55080	1231488	2,396,046
59	77817	80200	57744	1289232	2,551,941
60	80152	80200	57744	1346976	2,714,073
61	82556	83900	60408	1407384	2,885,460
62	85033	87600	63072	1470456	3,066,473
63	87584	87600	63072	1533528	3,254,727
64	90212	92100	66312	1599840	3,453,880
65	92918	96600	69552	1669392	3,664,370

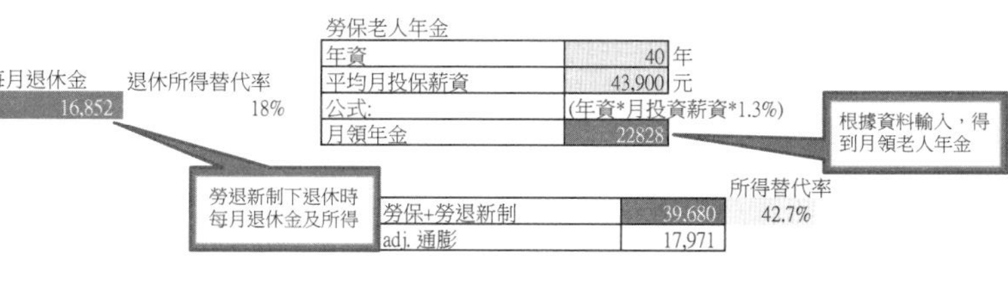

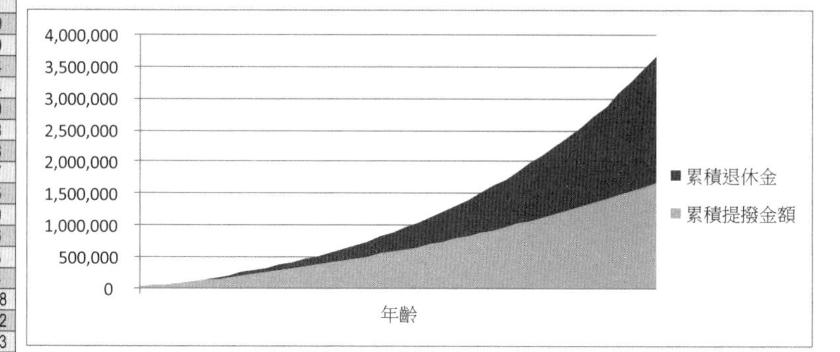

關鍵報告五　阿敏自行投資之試算

年齡	月數	定時定額	累積本金	累積本利	投資期間年報酬	退休時累積本利
25	1	3,000	3000	3,012	4.60%	5,466,599
	2	3,000	6,000	6,035		
	3	3,000	9,000	9,069		
	4	3,000	12,000	12,115		
	5	3,000	15,000	15,173		
	6	3,000	18,000	18,243		
	7	3,000	21,000	21,324		
	8	3,000	24,000	24,418		
	9	3,000	27,000	27,523		
	10	3,000	30,000	30,640		
	11	3,000	33,000	33,769		
	12	3,000	36,000	36,910		
26	13	3,000	39000	40,063		
	14	3,000	42,000	43,228		
	⋮	⋮	⋮	⋮		
27	25	3000	75,000	78,855		
28	37	3000	111,000	119,469		
29	49	3000	147,000	161,992		
30	61	3000	183,000	206,512		
31	73	3000	219,000	253,125		
35	121	4,000	364,000	463,530		
41	193	4,000	652,000	942,750		
45	241	5,000	845,000	1,344,970		
51	313	5,000	1,205,000	2,186,794		
55	361	6,000	1,446,000	2,892,596		
61	433	6,000	1,878,000	4,308,306		
62	445	6,000	1,950,000	4,584,540		
63	457	6,000	2,022,000	4,873,752		
64	469	6,000	2,094,000	5,176,552		
65	480	6,000	2,160,000	5,466,599		

退休年齡	65	歲
預計餘生	240	月
退休累積本利存款利率	1%	
退休後每月可領	**$25,120**	公式：PMT(1%/12,240,-5,466,599,1)

總所得替代率（勞保＋勞退＋個人）＝69.74%

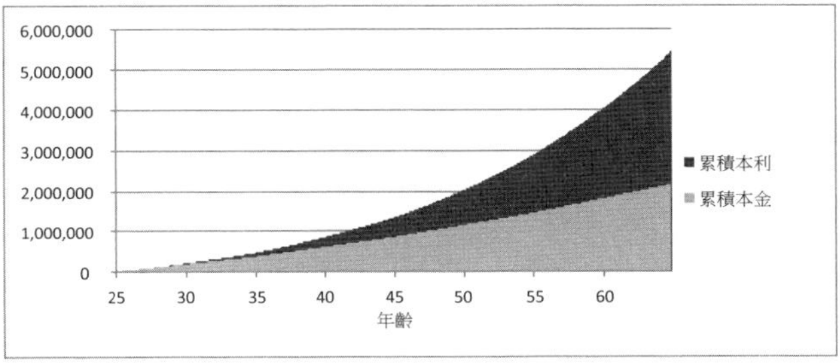

6,000,000
5,000,000
4,000,000
3,000,000
2,000,000
1,000,000
0
25 30 35 40 45 50 55 60
年齡
■累積本利
■累積本金

說明：

27歲以後只列出該年度的第一個月累積的本金與本利，其餘省略掉的年份及月份各自的金額，讀者可自行利用EXCE L進行試算。

關鍵報告六　阿敏投資總結試算

阿敏的退休規劃

目前年齡	25
目前月薪	27,655
假定年調薪	3%
勞退新制提撥率	6%
預期投資報酬率	4%
預定退休年齡	65
平均月投保薪資	43,900
自行投資定時定額	3,000
自行投資每十年月增加	1,000
自行投資預定報酬率	4.60%
年物價膨脹率	2%

勞保＋勞退＋自行投資	64,800
總所得替代率	69.7%
通膨調整後	29,347

退休後月領退休金的購買力

20年後的購買力	43,608
60年後的購買力	19,750

理財與生活 富朋友・窮朋友掙錢術

著　　者：唐祖蔭
出 版 者：葉子出版股份有限公司
發 行 人：葉忠賢
總 編 輯：馬琦涵
特約主編：范湘渝
專案行銷：高明偉
地　　址：22204 新北市深坑區北深路三段 260 號 8 樓
電　　話：(02)8662-6826　(02)8662-6810
傳　　真：(02)2664-7633
服務信箱：service@ycrc.com.tw
網　　址：http://www.ycrc.com.tw
ISBN：978-986-6156-22-9
初版一刷：2017 年 5 月
定　　價：新臺幣 280 元
總 經 銷：揚智文化事業股份有限公司
地　　址：22204 新北市深坑區北深路三段 260 號 8 樓
電　　話：(02)8662-6826　(02)8662-6810
傳　　真：(02)2664-7633

國家圖書館出版品預行編目（CIP）資料

理財與生活：富朋友. 窮朋友掙錢術／唐祖蔭著.
-- 初版. -- 新北市 : 葉子, 2017.05
面； 公分.

ISBN 978-986-6156-22-9 (平裝)

1. 理財 2. 投資

563 106004003